HAGAKURE

DER WEG DES SAMURAI

Yamamoto Tsunetomo

Erweiterte und verbesserte Neuauflage

DAS BUCH, DAS IM FILM *GHOST DOG* ZITIERT WIRD.

Dieses Werk basiert auf *THE HAGAKURE – A Code to the Way of the Samurai,* übersetzt und mit ausführlicher Einleitung, Chronologie, Index und vielen Fußnoten versehen von Professor Takao Mukoh (Japan), der mir freundlicherweise die Rechte für diese deutsche Teil-Übersetzung seines Werkes übertrug. Seine Version ist erschienen unter der ISBN 4-590-00627-8 bei THE HOKUSEIDO PRESS, 32-4 Honkomagome 3-chome, Bunkyo-ku, Tokyo, Japan. Dank an Mr. Honjo für die unproblematischen Verhandlungen bzgl. der Rechte. Ferner können Sie dieses Buch beziehen über: Book East, P.O. Box 13352, Portland, Oregon 97213, USA, Fax: 001-503-281-3693.

Übersetzung: Guido Keller. Rechte: Angkor Verlag Keller, Foockenstr. 5, 65933 Frankfurt. Internet: www.angkor.de

Mein großer Dank gilt dem Freund Stephan Bartke, der das Manuskript korrigierte und viele wichtige Vorschläge machte, die in die Übersetzung einflossen. Und den Lesern, die besonders auf eine Neuauflage in anderem Schrifttyp drängten. Alle übriggebliebenen Fehler gehen auf meine Kappe.

Das Buch wurde nur möglich durch Risikokapital weiterer Freunde, Gabriel Fuder und Ivo Scheloske. Auch ihnen sei hiermit gedankt. Im Herbst 2000 folgt eine (doppelte) HAGAKURE-Überraschung!

Das Logo auf dem Umschlag stammt aus: *JAPANESE DESIGN MOTIFS: 4260 Illustrations of Heraldic Crests, Dover Publications Inc. 1972 (originally publ. in Japan 1913)*

Verlagslogo: Yumi Machiguchi, Mainz

Herstellung: Libri Books on Demand
ISBN: 3-89811-293-4

Wir trafen uns am 5. März des siebten Jahres von Hoei.

Wie weit entfernt
ist vom Getue des Erdenlebens
der Baum der Wildkirsche?

Furumaru[1]

Unter weissen Wolken
trafen wir uns schliesslich
bei einem Kirschbaum in voller Blüte.

Kisui[2]

[1] Das Pseudonym von Yamamoto Tsunetomo
[2] Das Pseudonym von Tashiro Tsuramoto

ERKENNE DIE BEDEUTUNG VON *BUSHIDO*

Ich habe herausgefunden: *Bushido*, der Weg des Kriegers, liegt im Sterben. Wird man mit zwei Alternativen konfrontiert, Leben und Tod, so soll man ohne Zögern den Tod wählen. Daran ist nichts Schweres; man muß nur fest entschlossen sein Ziel verfolgen.

Wenn einige behaupten: "Ein Tod, ohne seine Bestimmung erlangt zu haben, ist ein sinnloser Tod", so ist das die berechnende Art zu denken, die dem eitlen, verstädterten *Bushido* entspringt. Zwischen zwei Alternativen eingezwängt, kann man nur schwer den richtigen beider Wege wählen. Um sicher zu gehen, bevorzugt jeder das Leben gegenüber dem Tod; man versucht, sich von der Vernunft des eigenen Überlebens zu überzeugen. Doch wenn man überlebt, ohne ein gerechtes Ende erlangt zu haben, ist man ein Feigling. Hierin liegt der entscheidende Punkt.

Solange jemand umgekehrt den Tod wählt, ohne sein Ziel erreicht zu haben, ist sein Tod frei von Schande, auch wenn andere ihn sinnlos oder wahnsinnig nennen mögen. Das ist die Essenz des *Bushido.* Wenn jemand jeden Morgen und Abend sich auf den Tod vorbereitet und ihn jeden Augenblick erwartet, wird *Bushido* zu seinem eigenen Weg, wodurch er seinem Fürsten sein ganzes Leben lang fehlerlos dienen kann.

UNERSCHROCKENE ERGEBENHEIT DEM FÜRSTEN GEGENÜBER

Der Krieger muß zuallererst mit unbeugsamer Ergebenheit im Geist seinen Fürsten wertschätzen. Das macht ihn zu einem höchst wertvollen Gefolgsmann. Eingedenk der großen Dankbarkeit, die man der Linie der Fürsten für ihre aufmerksame Behandlung der Vorfahren schuldet, muß jemand, der in diesen ehrenhaften Clan hineingeboren wurde, welcher generationenlang erblühte, mit Herz und Seele nur an seinen Fürsten denken. Wenn jemand seinem Fürsten durch Intelligenz und Talent und gemäß seinem Rang von Nutzen sein kann, ist er noch wertvoller.

Selbst ein nutzloser Mann, der nichts auf zufriedenstellende Weise tun kann, ist ein vertrauenswürdiger Gefolgsmann, solange er ganz seinem Fürsten ergeben ist, während jemand, der seinem Fürsten nur mittels eigener Intelligenz und Talent dient, ohne diese grundlegende Ergebenheit zu besitzen, niedriger anzusiedeln ist.

Wirf unbedeutende Subjektivität weg

Manche Menschen können sich von Natur aus auf ihre Energiequellen für spontane Entscheidungen verlassen; andere müssen sich im Bett hart den Kopf zerbrechen, um zu einer endgültigen Lösung zu gelangen.

Jedermann wird mit einem unterschiedlichen Maß an Weisheit geboren. Jemand entdeckt Weisheit in sich, von der er nicht einmal träumte, wenn er nur klar über sein Ego nachdenkt und aufgrund der vier Gelübde[1] handelt. Auch wenn jeder gern glaubt, eine Lösung für das schwierigste Problem durch ernsthaftes Nachdenken zu entwickeln, führt ein Werten, das sich aufs eigene Ego gründet, zu nichts als bösen und nutzlosen Ideen, wie angestrengt man auch nachdenkt. Wir beschränkten Menschen halten es für sehr schwierig, unsere subjektive Art des Betrachtens abzustellen.

Wenn jemand einem ernsthaften Problem gegenübersteht, muß er es erst einmal ein Weilchen zur Seite legen, sich auf die Grundlagen besinnen, die in den vier Gelübden zitiert werden,

---

[1] siehe Seite 123.

und frei von seinem Ego entscheiden. So wappnet er sich gegen ernste Fehlurteile.

Erkenne die Grenze eigener Weisheit

Man ist geneigt, angestrengt zu versuchen, jede Situation mit dem bißchen Weisheit, das man hat, zu beurteilen und so mit ihr klarzukommen. Das gebiert böse, egozentrische Gedanken gegen die Vorsehung und wandelt sich in Laster.

In den Augen eines Außenstehenden ist solche Weisheit schmutzig, kläglich, von enger Sichtweise und, nicht zuletzt, zu dumpf für spontanes Handeln. Wenn einem keine wichtige Idee in den Sinn kommt, sollte man besser einen Weisen um Rat fragen. Der Weise, den die Angelegenheit nicht selbst betrifft, kann uneigennützig und offen über den Fall urteilen. Ein solches Urteil, fest und überzeugend, beeindruckt Dritte und kann mit einem riesigen Baum verglichen werden, der von vielen starken Wurzeln genährt wird; während ein Urteil, das aus begrenzter Weisheit entsteht, einem einsamen Baum in der öden Leere eines weiten Feldes gleicht.

Ein Mann, dessen Herz im Einklang mit dem seines Fürsten ist

Sagara Kyuma war ein Gegner für Tausende, der schon lange sein Leben aufgegeben hatte. Sein Herz war im Einklang mit dem seines Fürsten. Einmal hielt Prinz Sakyo, der den Fürsten Mitsushige nicht leiden konnte, ein geheimes Treffen auf seinem Gut in Mizugae ab, wo man entschied, Kyuma zum Tod durch *seppuku* zu zwingen, wodurch Fürst Mitsushige den Minister verloren hätte, dem er am meisten vertraute. Kyuma bekam davon Wind, mietete ein dreistöckiges Teehaus auf dem Anwesen von Taku Inu, brachte eine Armee von Haudegen herbei und veranstaltete ein Puppentheaterstück. Kyuma führte die Puppen gar selbst. Das ausgelassene Trinkgelage in der Nähe von Prinz Sakyos Anwesen dauerte Tage und Nächte an. Kyumas Absicht hinter diesem ungebührlichem Benehmen war, sich selbst so in Mißkredit zu bringen und damit seinen Fürsten zu entehren, dass er sich würdevoll dem geplanten *seppuku* aussetzen konnte.

Sei fest entschlossen, für den Fürsten zu sterben

Ein Gefolgsmann, der das Los seines Fürsten teilt und diesem alle Entscheidungen überläßt - ob gut oder böse - und sein Leben aufgibt, verfolgt aufrichtig und ernst sein Ziel. Ein paar solcher Gefolgsmänner sind genug, um den Clan des Fürsten zu stärken. Wie ich jahrelang beobachtete, gab es viele Gefolgsleute, die ihrem Fürsten mit Hilfe ihrer Intelligenz, Verschwiegenheit und ihres künstlerischen Talentes dienten, dann aber dazu neigten, ihre treue Haltung hier und da aufzugeben, wenn die Dinge gut liefen. Nach dem Abdanken oder dem Tod ihres Fürsten kehrten sie ihm sofort den Rücken zu, um sich bei denen einzuschmeicheln, die nun das Sagen hatten – ein wahrhaft abstoßender Anblick.

Männer von hohem und niedrigem Rang, Männer von bemerkenswerter Intelligenz oder ebensolchem Talent, sie alle wetteifern miteinander um ihren Nutzen für ihren Fürsten, bis die Zeit für sie kommt, für den Fürsten zu sterben, wo sie plötzlich schwache Knie bekommen und einen unangenehmen Anblick bieten. Umgekehrt wird ein Mann von geringem Nutzen ein Gegner für Tausende in Zeiten der Not, weil er schon lange sein Leben aufgegeben hat und im Geiste ganz auf seinen Fürsten eingestellt ist. Als mein Fürst starb, ging ich mit gutem

Beispiel voran als einziger, der seinem Fürsten folgte.[1] Wenn es auch bestimmte Männer mir daraufhin gleichtaten - Hochrangige, die großspurig daherredeten und andere mit ihren Ellbogen verdrängten, kehrten dem Fürsten den Rücken zu, sobald er seinen letzten Atemzug getan hatte.

Solche Dinge wie das Band zwischen Fürst und Gefolgsmann und tiefe Treue erschienen wie weit entfernte Eigenschaften, bis sie sich selbst vor meinen Augen offenbarten. Ein Mann, der bereit ist, für seinen Fürsten zu sterben, ist darum ein ausgezeichneter Gefolgsmann.

Gib dein Leben zugunsten deines Fürsten auf

Während meines Aufenthalts in Kyoto wurde ich plötzlich von dem Verlangen getrieben, zum Clan zurückzukehren, wo ich mit einem gewissen Mann vereinbarte, als Abgesandter seines Herrn auftreten zu können, und reiste in dieser Eigenschaft den ganzen Tag und die ganze Nacht zurück nach Saga. Wie durch ein Wunder kam ich gerade noch rechtzeitig zum Ende meines Fürsten. Die Nachricht, dass sich die Gesundheit des Fürsten plötzlich verschlechtert hatte, hatte unsere Männer in den Städten noch nicht erreicht, als ich Kyoto verließ.

Vielleicht wurde der bevorstehende Tod meines Fürsten mir durch Buddha und die Götter eingegeben, als Antwort auf meinen hartnäckigen Glauben seit meiner Jugend, dass ich der einzige Gefolgsmann des gesamten Clans sei, der unseren Fürsten als den Allerhöchsten verehrte. Wenn ich im Gefolgs-

---

[1] Der (Co-)Autor Yamamoto Tsunetomo, auch Jocho genannt, der dies erzählt, wurde nach dem Tod seines Fürsten Mönch, weil ihm jede Art von *seppuku* verboten war.

dienst auch weder bekannt noch verdienstvoll war, glaube ich doch, den Fürsten vor Schande bewahrt zu haben, wie ich das immer fest versprochen habe. Stirbt ein Feudalherr, und gibt es niemanden, der seinem toten Fürsten folgt, führt dies zu einer trostlosen Szene.

Es gibt leider keinen Gefolgsmann, der sein Leben opfert. Man muß sein Leben nämlich nur um seines Fürsten willen dahingeben, sonst nichts. Die Welt ist voller Menschen, die furchtsam, feige und von Gier besessen sind und ihren eigenen Interessen nachrennen. Viele Jahre lang war nach dem Tod meines Fürsten mein Geist von entmutigenden Gefühlen umwölkt.

Sei vorsichtig mit Vorhaltungen gegenüber anderen

Anderen Vorwürfe zu machen, um ihre Verfehlungen zu korrigieren, ist als Ausdruck von großer Gnade und Mitleid einer der wichtigsten Dienste, die von einem Gefolgsmann erwartet werden. Das erfordert ein extremes Maß an Taktgefühl.

Es ist einfach, das Gute und Böse in einem anderen herauszufinden; gleichermaßen ist es einfach, ihn für seine Verfehlungen zu kritisieren. Viele Menschen halten es für angebracht, anderen offen Ratschläge zu erteilen über etwas, was nicht bereitwillig akzeptiert wird und als Thema schwer anzuschneiden ist, und geben auf, wenn die Ratschläge nicht angenommen werden. Das nutzt niemandem, weil andere so nur der Scham und dem Gesichtsverlust ausgesetzt werden. Solche Art von Ratschlägen beruhigt lediglich den Geist des Ratgebers.

Bevor man einem anderen Rat erteilt, muß man zuerst feststellen, ob der andere sich in geeigneter Verfassung befindet, mit einem für Belehrung offenen Geist, und dann so familiär mit ihm werden, dass er dem Ratgeber vertraut. Man muß hin und wieder die Aufmerksamkeit des anderen erregen, indem man auf dessen Neigungen und andere Dinge, die ihn interessieren, eingeht. Sorgsam die beste Zeit und Methode auswählend, muß man die beabsichtigte Belehrung dem anderen beiläufig dämmern lassen, ohne direkt zu belehren, sondern in Form von gelegentlichen Briefen, Abschiedsbesuchen oder diskretem Gespräch über die eigenen Mängel und Schnitzer.

Wahres Belehren liegt darin, den anderen die Ermahnung ganz natürlich schlucken zu lassen, wie Wasser in einer durstigen Kehle, wie eine Kur für die Verfehlungen des anderen, nachdem man ihn durch Loben seiner Stärken aufgebaut hat. Belehren ist eine schwierige Aufgabe. Ich weiß aus eigener Erfahrung, dass Fehler, die normalerweise langlebig sind, nicht auf üblichem Wege wettgemacht werden können. Wahre, große Gnade und Mitleid offenbaren sich, wenn sich Gefolgsleute eines Clans untereinander in Brüderschaft zusammentun, des anderen Schwachpunkte korrigieren und sich anstrengen, ihrem Fürsten als ein Mann zu dienen. Wie kann jemand dieses letztgültige Ziel erreichen, wenn er andere bloß der Scham aussetzt?

UNTERDRÜCKE EIN GÄHNEN

In der Gegenwart von anderen zu gähnen ist ungebührlich. Bei einem unerwarteten Gähnen reibe deine Stirn mit der Hand von unten nach oben, was normalerweise genügt, ein Gähnen zu unterdrücken. Wenn das nicht funktioniert, verberge das Gähnen vor anderen, indem du die dichtgeschlossenen Lippen mit deiner Zungenspitze leckst, dein Gähnen hinter dem Ärmel oder deiner Hand verbirgst usw. Das gleiche gilt fürs Niesen. Gähnen und Niesen lassen dich meist närrisch aussehen. Es gibt noch viele andere Dinge, auf die du achten mußt, um dich richtig zu benehmen.

Sei ein aufmerksamer Gast

Es ist ratsam, zu überlegen und zu notieren, was man am nächsten Tag erledigen muß. Das läßt dich vor anderen auf geeignete Schritte vorbereitet sein. Der Fürst würde sicher den Mann genau studieren, den er am nächsten Tag besuchen will, sorgfältig angemessene Begrüßungen und Gesprächsthemen auswählen usw. Wenn man seinen Fürsten bei einem Besuch begleitet oder allein zu einem Gespräch geht, sollte man im voraus genau über den Gastgeber nachdenken, um Beleidigungen während des Besuchs zu vermeiden. Das ist der Weg zur Harmonie zwischen Menschen, zu sozialer Höflichkeit.

Wird jemand von einem hochstehenden Mann oder einem ähnlichen Würdenträger eingeladen, kann er keine gute Gesellschaft sein, wenn er sich vor dem Besuch sehr angespannt fühlt; der rechte Weg ist, für die Gelegenheit aufrichtig dankbar zu sein und mit großer Freude die kommende Begegnung zu erwarten.

Grundsätzlich sollte man nicht uneingeladen Besuche abstatten, wenn es nicht unumgänglich ist. Wenn umgekehrt jemand eingeladen wird, kann er so lange kein echter Gast sein, bis sein Benehmen den Gastgeber davon überzeugt, dass er ein zufriedenstellender, aufmerksamer Besucher ist.

Es ist für einen Gast sehr wichtig, sich auf einen Besuch vorzubereiten, indem er sich vorher die geplante Gesellschaft bildlich vorstellt. Bei einem Trinkgelage oder ähnlichem ist es am wichtigsten, zu bedenken, wann man sich entschuldigen und entfernen darf. Ich möchte Menschen weder gelangweilt zu spät noch zu früh gehen sehen, womit sie ein vergnügliches Treffen vereiteln. Normalerweise ist zuviel Zurückhaltung unangemessen, wenn man zu einem Abendessen eingeladen wird. Nachdem der Gastgeber ein- oder zweimal das Essen angeboten hat, sollte man besser dessen Freundlichkeit annehmen. [1]

Die letzte Bedeutung der vier Gelübde

Indem man schwört, "nie hinter den anderen auf dem Weg des Kriegers (*bushido*) zurückzubleiben", muß man sich auch entscheiden, seine militärische Tapferkeit allen Menschen auf der Erde bekannt zu machen. "Sich dem Fürsten nützlich machen" heißt, den Fürsten zugunsten einer besseren Verwaltung des Clans zu belehren, nachdem man zum Berater befördert worden ist. Die "Sohnespflichten" gehen mit der Treue gegenüber dem eigenen Fürsten einher; sie sind von der gleichen Natur. "Für das Gute der anderen zu arbeiten" bedeutet, sich darum zu bemühen, dass alle anderen Männer nützliche Gefolgsleute ihres Fürsten werden.

Sei auf jede Situation vorbereitet

Militärische Taktik und Strategie erzählen uns von fähigen und unfähigen Männern. Erstere sind nicht nur durch Erfahrung weise, sondern auch bereit, jedes Problem im entscheidenden Augenblick auf bewundernswerte Art zu lösen, von ihrem früheren Studium verschiedener Maßstäbe für eine Vielzahl von Umständen geleitet. Männer, die auf jede Situation vorbereitet sind. Dagegen beschäftigen sich die anderen nicht schon im voraus mit den Möglichkeiten. Wenn sie ein Problem lösen, ist das nichts als Dusel.

---

[1] Heute noch wird es in Japan als angemessene Form der Zurückhaltung angesehen, erst ein-, zweimal die angebotene Speise abzulehnen, auch wenn dann natürlich vom Gast erwartet wird, daß er sie ißt.

Der korrekte Umgang mit der Trinkerei

Man kann nicht vorsichtig genug mit seinem Verhalten bei Feiern sein. Wie ich auf verschiedenen Festen beobachten konnte, beugen sich die meisten Männer über nichts anderes als ihre Getränke. Trinken ist erlaubt, tut es jemand dann, wenn er es tun sollte. Wenn nicht, sieht er schmachvoll und plump aus; seine täglichen geistigen Gewohnheiten und sogar sein wahrer Charakter offenbaren sich. Sei dir klar darüber, dass ein Fest eine öffentliche Funktion hat.

Immer nur integer sein vereinsamt

Ein gewisser alter Gefolgsmann predigte extreme Genügsamkeit in allen Aspekten des Lebens. Eine alte Weisheit lautet: "Ein zu klarer Strom wird von Fischen gemieden." Fische können überleben und aufwachsen, indem sie sich unter Wasserlinsen und anderen Objekten im Wasser verstecken. Nur wenn ein Vorgesetzter über die kleinen Mängel seiner Männer hinwegsieht, können sie in friedvollem Geist leben. Dies gilt auch für ihr Verhalten.

Zuerst kommt die Vitalität

Als ich Yasaburo ein Gedicht auf eine rechteckige Karte schreiben ließ, betonte ich die Vitalität in der Kalligraphie mit den folgenden Worten: "Stell dir vor, du würdest nur ein Wort über die gesamte Karte schreiben, als würdest du die Karte mit deinem Pinsel zerreißen. Ob deine Kalligraphie vorzeigbar wird oder nicht, hängt von deiner Energie ab. Alles, was von einem Samurai verlangt wird, ist, dass er sich voller Lebensenergie fühlt, und nicht müde und nachlässig."

Ziele eines Gefolgsmannes

Der heutige Gefolgsmann hat, so scheint es, nur wenig Ambitionen. Wie ein Taschendieb, der nervös seine Beute im Auge behält, wird er von Eigeninteresse oder seiner eigenen Klugheit angetrieben. Sogar ein angemessen Selbstbezogener gibt kaum vor, richtig ehrgeizig zu sein.

Kein Samurai kann sich als Gefolgsmann im wahrsten Sinne qualifizieren, solange er sich nicht ganz zu seines Fürsten Verfügung hält, ohne Zögern von sich selbst denkt wie von einem, der bereits tot ist, zu jeder Zeit ernstlich um das Wohlergehen seines Fürsten besorgt ist und seine wohldurchdachten Vermutungen über die Probleme des Clans seinen Vorgesetzten darlegt, wodurch er zur Stärkung des Clans beiträgt.

Diese Regel der großen Ziele eines Gefolgsmannes gilt auch für Samurai der oberen und unteren Kasten. Sei darum voll entschlossen, diese Ziele zu erreichen, ohne im mindesten zu schwanken, selbst wenn die Lehren Buddhas oder der Götter dem entgegenstehen.

Verweiblichte Männer

Der Arzt Matsukumamae-no Kyoan soll gesagt haben: "In der Medizin werden Männer und Frauen auf unterschiedliche Arten als positiv und negativ eingeteilt; der Puls eines Mannes ist auch verschieden von dem einer Frau. In den vergangenen 50 Jahren jedoch verschwand dieser Unterschied zwischen den Pulsen. Von diesem phänomenalen Wandel wachgerüttelt, begann ich beispielsweise, Augenkrankheiten der Männer wie solche von Frauen zu behandeln. Weil ich keine erfolgreiche Prognose bei männlichen Patienten stellen konnte, die ich mit Medizin für Männer behandelte, wurde mir klar, dass sie ihren männlichen Geist verloren hatten und in diesen verkommenen

Tagen verweiblicht waren. Diese Tatsache behielt ich wie ein Geheimnis für mich."

Also haben die meisten Männer heutzutage nachweislich den weiblichen Puls; nur wenige Männer schauen wirklich männlich aus. Das macht es für wirkliche Männer leicht, mit nur geringer Anstrengung den anderen vorauszueilen.

Der Verlust männlichen Mutes wird auch an der Tatsache klar, dass Männer einen Kriminellen, dessen Hände auf dem Rücken zusammengebunden sind, nicht mehr köpfen können. Wenn es für einen Sekundanten desjenigen, der *seppuku* begeht, zum heiligen Dienst des *kaishaku*[1] kommt, gilt es heute als weise und angemessen, diesen Dienst trickreich zu verweigern. Vor 40 oder 50 Jahren wurde ein Schnitt in die Lymphgefäße der Leiste als Einstieg ins Männerdasein betrachtet. Ein Mann schämte sich, seine Rippen anderen zu zeigen, wenn sie keine Schnittnarbe hatten, und zwar so sehr, dass manche Männer sich diese Schnittwunden selbst zufügten. All diese Dinge wurden für tapfer und Männern angemessen gehalten, während Männer heutzutage dazu neigen, sie als Ausdruck von Dummheit zu verurteilen, Angelegenheiten nur mit sanfter Zunge zu verhandeln und jede harte Anforderung zu meiden. Junge Menschen sollten diesen unglücklichen Trend sorgsam bedenken.

Mein kurzer Dienst

Während es Gefolgsleute von sechzig, siebzig Jahren im aktiven Dienst gibt, habe ich im Alter von 42 Jahren den religiösen Dienst aufgenommen. Mein Gefolgsdienst war, wenn ich zurückschaue, von kurzer Dauer. Doch ich kann nur voller Dank-

---

[1] *kaishaku-nin* heißt der Dienst des Sekundanten beim *seppuku,* das als *harakiri* bekannter ist. Um den Samurai von langen Todesqualen zu befreien, schlägt er ihm den Kopf ab. Meist wurde ein Freund oder Verwandter des Samurai um diesen Dienst gebeten.

barkeit für die glückliche Wendung der Ereignisse an die Jahre meines Dienstes denken.

Als ich buddhistischer Mönch wurde, hielt ich mich für einen, der bereits die Welt verlassen hatte. Wenn ich genau darüber nachdenke, hätte mich sicher ein Berg voller Sorgen gequält, wenn ich bis heute im aktiven Dienst gestanden hätte. Mein extremes Glück war von Dauer und die letzten 14 Jahre sorgenfrei und friedvoll. Mehr noch, mein Gefolgsdienst wurde erst möglich durch die guten Gefälligkeiten von Männern, die mich für einen vertrauenswürdigen Mann hielten. Es ist nicht weniger als ein Wunder, dass ich meine niedere Natur so lange unentdeckt halten konnte. Ihre gütige Freundlichkeit, die mehr war, als ich verdiente, macht mir Gewissensbisse.

Die Tugend der Konzentration

Priester Tannen erzählte mir: "Man wird normalerweise gelehrt, sich durch und durch von allen Ideen und Gedanken für die Erleuchtung freizumachen, ohne sie zu verstehen; die Tugend der Konzentration mit reinem Herzen steht mit der Tugend der Freiheit von allen Ideen und Gedanken in Verbindung." Das ist wahrhaft treffend formuliert. Fürst Sanenori zeigte mir, dass der Weg der Wahrheit sich selbst offenbart, wenn man ernsthaft seinen Geist wenigstens einen Atemzug lang frei vom Bösen hält. Die Ideen der beiden weisen auf ein und dasselbe hin. Leider können dies nur wenige Menschen schätzen. Um rein und einfach zu werden, muß man beharrlich üben.

Gib niemals an, indem du grundlos mit deinem Fürsten streitest

Zur Zeit der Verlobung von Prinzessin Mine disputierte ein Angestellter, der sie bediente, keck mit dem Fürsten. Das liefert jüngeren Menschen Nahrung für ernsthafte Gedanken. Es muß einige Menschen gegeben haben, die diesen gewagten Disput für vernünftig hielten, für wohlgesprochen und eines wahren Gefolgsmannes würdig. Manche mögen überzeugt gewesen sein, dass der Mann, nachdem er so gesprochen hatte, mehr als glücklich gewesen wäre, durch *seppuku* zu sterben. Denkt noch einmal darüber nach! Jeder, der solch einen Mann für einen lobenswerten, mutigen Samurai hält, steht unter einem völlig falschen Eindruck.

So geschah es dann, dass der kecke Gefolgsmann den Fürsten mit seiner hohen Meinung nicht beeindrucken konnte. Noch konnte er weiterhin der Prinzessin dienen, weil er gezwungen war, seinen Dienst zu quittieren. Selbst als sie kurz danach bettlägerig wurde und verstarb, konnte er nicht bei ihr sein. Was für ein Unglück für einen wahren Gefolgsmann!

Das ist die Falle, in die hochgeistige Männer oft tappen. Ein Mann, der mit seinem Fürsten aneinandergerät, wird untreu, wenn er nicht eine Position innehat, die für solche Belehrung taugt. Ein wahrhaft loyaler Gefolgsmann würde zuerst einen anderen auf angemessenem Posten in seine Idee einweihen und ihn diese dem Fürsten erklären lassen, als wäre es seine eigene Meinung, wodurch die ursprüngliche Idee sicherlich fruchtbare Ergebnisse erzielte. Wenn der andere Mann, dem man sich so anvertraut, dies nicht selbst weitergeben will, kann er einen dritten geeigneten Mann kontaktieren oder andere Schritte bedenken. Welche Maßnahme auch immer ergriffen wird, das letzte Ziel lautet, den Fürsten die Idee des Belehrenden annehmen zu lassen. Man muß andere Menschen nicht von seiner inneren Loyalität wissen lassen.

Wenn die Beratung mit anderen keinen guten Fortschritt macht, belasse es fürs erste dabei, unternimm aber immer wieder weitere Anstrengungen in Richtung auf das Ziel, so kannst du dein Vorhaben in den meisten Fällen verwirklichen.

Manche Männer neigen dazu, sich selbst für solche Dreistheit zu loben und als mutige Samurai zu bezeichnen. Doch das kann nicht von Nutzen sein, und sie werden mit Kritik übergossen werden. Das Leben vieler Samurai wurde auf diese Art ruiniert, eine selbstverschuldete Folge des Bedürfnisses nach wahrer Loyalität. Ein Gefolgsmann, der sein Selbst ganz zugunsten seines Fürsten aufgibt, ohne Rücksicht darauf, was ihm selbst passieren wird, wird niemals die Wahl des rechten Weges verfehlen.

Zuschauer sehen mehr als Spieler

Gerechtigkeit zu erreichen, angetrieben von der Abneigung gegen Ungerechtigkeit, ist schwer. Die Gerechtigkeit immer wieder gemäß des eigenen Glaubens an sie zu suchen, führt einen Menschen häufig zu groben Fehlern, weil Wahrheit weit jenseits des Armes der Justiz liegt und nur schwer zu finden ist, es sei denn, jemand ist mit höchster Weisheit ausgestattet.

Wenn jemand Wahrheit nicht selbst finden kann, gibt es immer noch einen Weg dorthin: andere um Rat zu fragen. Selbst ein Mann, der niemals hoffen kann, Wahrheit zu erlangen, kann sehr wohl die Angelegenheiten eines anderen analysieren, so wie oft vom Zuschauen beim Go-Spiel gesagt wird: "Zuschauer sehen mehr als Spieler." Obwohl ein Sprichwort sagt: "Denke immer wieder allein nach, um zu erkennen, dass du irrst", kann eine schwierige Angelegenheit am besten gehandhabt werden, indem man andere um Rat fragt. Durch Zuhören und Lesen zu lernen bedeutet, den Gedanken weiser, alter Männer zu folgen.

KEIN ENDE DER LEBENSLANGEN ÜBUNG

Ein bekannter Schwertkämpfer legte im Alter seine Sichtweise folgendermaßen dar: "Lebenslange Übung hat ihre verschiedenen Stufen. Die Untalentierten werden nirgendwo hingelangen, welcher Übung auch immer sie ihren Geist unterziehen; ihr Können erscheint sowohl anderen als auch ihnen selbst als armselig. Ihre Fähigkeit kann überhaupt keinem Nutzen zugeführt werden. Auf der nächsten Stufe stehen die wenig Talentierten, die - nicht recht zu gebrauchen - mit ihren unprofessionellen Leistungen unzufrieden sind und auch die ungeschickten Punkte bei anderen sehen; während die Talentierten, deren Fähigkeiten nutzbar sind, jede Unze der Kunst zu ihrer eigenen machen können, stolz auf ihr Können und verärgert über die unvollständigen Fertigkeiten anderer.

Die über den Talentierten Stehenden täuschen Ignoranz vor, dennoch können andere ihre wahren Fähigkeiten erlangen. So weit kann ein Mann normalerweise beim Ausüben irgendeiner Kunst gelangen. Weit jenseits dieser Stufe liegt die höchste Ebene, auf der man die allerletzte Sphäre einer Kunst erklimmt. Einmal tief darin, erkennt man im immerwährenden Wissen des eigenen, niemals vollendeten Könnens, dass für das Ausüben einer Kunst kein Ende existiert. So lebt der Meister sein Leben, sich seiner Unvollkommenheit bewußt, niemals mit seinen Fähigkeiten zufrieden, selbst an seinem allerletzten Tag nicht, weder eingebildet noch herablassend.

Yagyu wurde so vernommen: 'Ich weiß nicht, wie ich andere besiegen kann; ich weiß nur, wie ich mich selbst bezwingen kann.' Lebenslange Übung kennt kein Ende; man muß sich nach jedem Tag des Trainings verbessert finden und Vollkommenheit auf seinem gesamten Lebensweg anstreben."

Dinge von grosser Bedeutung sollten gelassen angegangen werden

Eine Regel, die von Fürst Naoshige in dem "Schreiben an der Mauer" hinterlassen wurde, liest sich so: "Dinge von großer Bedeutung sollten gelassen angegangen werden." Ittei sagt in seinem Vorwort zu dieser Regel: "Dinge von geringer Bedeutung sollten ernsthaft angegangen werden."

Angelegenheiten von großer Bedeutung darf es nur so wenige geben, wie täglich nach Antworten darauf gesucht werden kann. Diese Regel scheint mir zu raten, Entscheidungen bei ernsten Angelegenheiten im voraus wohl zu formulieren und dann leicht den Entschluß zu fällen, wenn man der ernsten Sache gegenübersteht. Wenn andererseits jemand keine täglichen Entscheidungen fällt, kann ein Entschluß nur schwer an Ort und Stelle geschehen, so dass jemand leicht versagen kann. Ich denke also, tägliche Entschlüsse sind die Grundlage für des Fürsten Vorschrift: "Dinge von großer Bedeutung sollten gelassen angegangen werden."

Achte die Wege der Provinz Saga

Ein Gefolgsmann, der seine Amtsdauer von mehreren Jahren in Osaka beendet hatte, kam nach Hause zurück, wo er der Verwaltungsbehörde im Dialekt von Osaka Bericht erstattete. Das enttäuschte die anderen, die ihn zur Zielscheibe ihres Spottes machten. Wenn man lange Zeit in Edo oder Osaka dient, sollte man den Heimatdialekt sogar häufiger als nötig benutzen. Wenn man eine Weile dort bleibt, wird man ganz natürlich vom Geist von Edo und Osaka beeinflußt und schaut auf jeden Brauch in seiner Heimat als provinziell herab, während man zu allem in der Großstadt neidvoll aufblickt, wenn es nur ein ganz klein wenig vernünftig erscheint. Das ist ein lächerlicher Zustand.

Wegen des rustikalen und unverbildeten Charakters der Dinge in unserem Lehnswesen, müssen diese hochgeschätzt werden. Die typische Art eines anderen Ortes zu suchen, endet schließlich in Nachahmung. Als ein Mann seine Abneigung gegen die Hokke-Sekte[1] gegenüber Priester Shungaku äußerte, die er für zu hartnäckig in ihren Lehren hielt, antwortete Shungaku: "Die Hokke-Sekte kann ihre Identität aus ihrer Hartnäckigkeit beziehen. Ohne die gäbe es zwischen ihr und anderen Sekten keinen Unterschied." Seine Antwort war vernünftig.

Einem Mann, der nie einen Fehler machte, kann man nicht trauen

Einmal wurde bei einer Versammlung die mögliche Beförderung eines bestimmten Gefolgsmannes erwogen. Die Mitglieder wollten die vorgeschlagene Beförderung wegen der früheren Trunksucht des Mannes einstimmig ablehnen, als einer betonte: "Wenn ein Mann nach einem früheren Fehltritt nicht mehr in Erwägung gezogen wird, erstickt das talentierte Männer im Keim. Ein Mann, der einmal versagte, bereut den Fehler und handelt sehr diskret, bereit, dem Lehnswesen zu nutzen. Diesem Mann sollte deshalb eine angemessene Beförderung zuteil werden."

Gefragt, ob er denn die Konsequenzen einer solchen Beförderung tragen könne, sicherte er das der Versammlung sofort zu. Von allen anderen Mitgliedern nach den Gründen für seine feste Überzeugung gefragt, wies er darauf hin: "Ich plädierte für seinen verläßlichen Dienst, weil er einmal versagt hat. Auf der anderen Seite ist ein Mann, der noch nie gepatzt hat, in

[1] Name für die Nichiren-Sekte, 1253 von Nichiren gegründet, der alle anderen Sekten verdammte und das Lotus-Sutra für *das* Mittel hielt, Nirvana zu erlangen. Eine moderne Nachfolgeorganisation ist z.B. Soka Gakkai.

meinen Augen riskant." Also wurde der Gefolgsmann auf einen höheren Posten versetzt.

Wie man in einem Strassenkampf kämpft

Ein Samurai wurde einmal in einen Kampf gezwungen, nahm aber an der gegnerischen Seite keine Rache und erregte so die Verachtung anderer, die das als Schande ansahen. Um die Angelegenheiten mit einem Feind in Ordnung zu bringen, muß man nur in den Feind hineinpreschen und getötet werden. So ist der eigene Tod frei von Schande.

Neigt jemand dazu, nur an das Gewinnen eines Duells zu denken, versäumt er den rechten Moment fürs Handeln. Menschen verzichten mit der Entschuldigung, sie seien in Unterzahl, auf Vergeltung und verschwenden nur wertvolle Zeit, bis sie schließlich davon reden, ganz von Rache abzusehen. Jemand sollte seinen Feinden gegenübertreten, fest entschlossen, ein Dutzend Feinde nach dem anderen zu schlachten, wieviele tausend Feinde da auch sein mögen. Das befähigt ihn, seinen Wunsch nach Rache zu erfüllen - und in den meisten Fällen wird er selbst der Sieger sein.

Die herrenlosen Samurai des Asano-Clans waren im Irrtum, weil sie nach dem nächtlichen Überfall keinen Selbstmord im Sengakuji-Tempel begingen.[1] Außerdem dauerte es zu lange,

---

[1] Im Jahre 1701 schnitt der Fürst der Provinz Ako, Asano Naganori, dem höchsten Protokolloffizier des Shogunats, Kira Yoshinaka, in die Stirn, weil letzterer Gesandte des Herrschers beleidigt hatte. Obwohl beide hätten bestraft werden müssen, wurde nur Naganori vom Shogunat zum Tode verurteilt und sein Clan aufgelöst. 47 frühere Gefolgsleute Naganoris schmiedeten zwei Jahre lang Pläne, wie sie Kira Yoshinaka töten könnten. Ende des Jahres 1702 drangen sie dann in sein Haus ein und brachten ihn endlich um. Daraufhin eilten sie zum Sengakuji-Tempel, um am Grab des Fürsten Bericht zu erstatten, und

bis sie schließlich ihren Herrn gerächt hatten. Ihre Absichten wären sinnlos gewesen, wenn Kira Yoshinaka, ihr Opfer, während des langen Wartens an einer Krankheit gestorben wäre. Städter sind clever und wissen, wie sie angeben müssen, um gelobt zu werden, während sie ihre kleine Klugheit nicht abschütteln können wie die Männer des Nagasaki-Streites.[2]

... Anderen zuzuhören und zu lesen heißt, sich für den entscheidenden Moment vorzubereiten, der jederzeit kommen kann. Beim Üben des *Bushido* sollte man Tag und Nacht vorbereitet sein, mit dem stets unsicheren Leben im Sinn, darüber nachdenkend, welche Handlung in welcher Form im entscheidenden Moment angebracht ist. Zufall spielt in einem Duell eine Rolle; der Weg, sich vor Schande und Schmerz in einem Duell zu bewahren steht auf einem anderen Blatt als die bloße Frage von Sieg oder Niederlage – ersterer verlangt nur den Entschluß, niemals vor dem Tod zu fliehen. Wenn jemand besiegt wird, sollte er an Ort und Stelle unmittelbar danach zurückschlagen, um mit seinem Feind quitt zu sein. Das erfordert weder Hirn noch Technik. Ein Mann von großer Tapferkeit denkt nicht an das Ende eines Kampfes; er stürzt sich leidenschaftlich in den Rachen des Todes, wobei sein wahres Selbst sich in seiner Geisteshaltung offenbart.

---

stellten sich dann den Behörden. Sie wurden zum Tode durch *seppuku* verurteilt und als wahrhaft treue Gefolgsleute weithin bekannt. Ein *Kabuki*-Stück namens *Kanatehon Chushingura* erzählt von ihren Taten und gehört zu den beliebtesten seiner Art.

[2] Dieser Streit geschah im Jahre 1700. Zwei Gefolgsleute des Hauses von Fukabori Nabeshima und ein Fußsoldat eines Stadrates von Nagasaki gerieten aneinander. Der geschlagene Fußsoldat drang in der gleichen Nacht mit zehn Kumpanen in das Gut von Nabeshima ein, wo sie die beiden Kontrahenten tüchtig vermöbelten. Diese wiederum brachen am nächsten Morgen mit zehn Männern in die Gemächer des Stadtrates ein und töteten ihn, den Fußsoldaten und andere. Dann begingen die beiden Gefolgsleute befriedigt an Ort und Stelle *seppuku*. Ihre zehn Gehilfen wurden später zu *seppuku* verurteilt.

HALTE DICH NICHT FÜR ETABLIERT

Ein Mann, der denkt, er sei schon etabliert, ist unklug; ein Mann, der mit festgefahrenen Ansichten zufrieden ist, die er durch erhebliche Anstrengung gewann, ist bereits in eine Falle getreten. Beide Männer sollten vielmehr zuerst danach streben, die grundlegende Einstellung gegenüber Fertigkeiten zu erlangen und lebenslange Bemühungen in Richtung auf das letzte Ziel zu unternehmen. Ohne einen Augenblick der Selbstzufriedenheit mit dem bißchen, was man herausgefunden hat, sollte man seine erreichten Ergebnisse immer noch für unbefriedigend und nicht gut genug halten und den rechten Weg zur Meisterschaft das ganze Leben lang erforschen. Die Wahrheit liegt nirgendwo sonst als auf diesem Weg des Bemühens selbst.

GEDANKEN MEINES VATERS

Hier sind ein paar Dinge, die mein Vater Yamamoto Jin'uemon oft sagte oder tat:

1. "Wenn jemand einen Grund verstanden hat, werden sich viele weitere vor seinen Augen auftun."

2. "Ein Mann mit einem affektierten Lächeln ist gewöhnlich und feige."

3. "Ob du bei einem offiziellen Anlass sprichst oder bei einer gewöhnlichen Gelegenheit, schau dem Zuhörer stets direkt in die Augen. Eine höfliche Verneigung am Anfang reicht; mit gesenkten Augen zu sprechen ist gefährlich."

4. "Es ist nicht sicher, die eigenen Hände in den weiten Ärmeln zu versenken, wenn man sitzt."[1]

5. Immer wenn ich ein Buch las, ob eine Geschichtensammlung in *kana* oder eine klassische in chinesischer Schrift, warf er es ins Feuer. Er sagte: "Der Hofadel soll lesen; wir Mitglieder der Nakano-Familie sollten uns in militärischer Kühnheit üben, ein Holzschwert in der Hand für unaufhörliche Übung."

6. "Ein Mann, der keine Kampfgruppe anführt und ohne Pferd ist, der ist kein Samurai."

7. "Ein mutiger Mann ist vertrauenerweckend."

8. Er stand früh um vier Uhr auf, nahm ein kaltes Bad und rasierte sich jeden Morgen den Vorderkopf,[2] frühstückte bei Sonnenaufgang und ging mit Sonnenuntergang zu Bett.

9. "Der Samurai sollte betont einen Zahnstocher benutzen, selbst wenn er nichts zu essen hat. Innen bedürftig, nach außen glänzend."

LEBE GENAU DIESEN AUGENBLICK

Laß mich dir sagen, was man antworten soll, wenn man gefragt wird: "Was ist von allergrößter Bedeutung beim eigenen Training?" Es ist: "Mit Leib und Seele an das eigene Ziel in genau diesem Augenblick zu glauben." Die Einstellungen der Men-

---

[1] Auch im Sitzen muß man allzeit bereit sein, das Schwert so schnell wie möglich zu ziehen.

[2] Der Vorderkopf, *sakayaki*, mußte beim Gefolgsmann rasiert sein. Das unterschied ihn von herrenlosen Samurai (*ronin*), die ihr Haar meist wild wachsen ließen.

schen heutzutage scheinen dieser scharfen mentalen Haltung beraubt.

Ein ausdrucksstarkes Gesicht zeigt, dass der Mann von ganzem Herzen an sein Ziel glaubt. Sich ständig so bemühend, kristalliert etwas im eigenen Geist. Dieses Etwas wirkt als Loyalität gegenüber dem Fürsten, als kindliche Ergebenheit gegenüber den Eltern und als Mut beim Ausüben von *Bushido.* Es wirkt noch auf viele andere Weisen.

Es ist schwer, dieses "Etwas" zu entdecken; noch schwerer, es ständig im Sinn zu behalten. Der einzig mögliche Weg ist, genau diese Sekunde so gut wie möglich zu leben.

Die Veränderung der Werte in den vergangenen 30 Jahren

Bis vor 50 oder 60 Jahren nahm der Samurai jeden Morgen ein Bad, rasierte seinen Vorderkopf, räucherte sein Haar mit Weihrauch, schnitt seine Nägel, polierte sie mit Bimsstein und glättete sie mit Sauerklee, fein darauf bedacht, nicht seine Erscheinung zu vernachlässigen. Er reinigte seine Waffen und hielt sie poliert und frei von Rost.

Erscheint uns das besondere Augenmerk auf die eigene gepflegte Erscheinung heute vielleicht als zu affektiert, so entstammt es doch keiner romantischen Idee. Bereit, jeden Tag im Kampf zu sterben, traten junge wie alte Samurai gepflegt auf, weil sonst ihr toter Körper auf einem Schlachtfeld - entgegen ihrem Wunsch, auf alles vorbereitet zu sein - ganz sicher vom Feind als schmierig verachtet worden wäre. Wenn diese Sitte auch kompliziert und zeitraubend erscheint, beschreibt sie doch genau das, was von einem Samurai erwartet wird; es gibt sonst nichts Besonderes, was mehr Hast oder Zeit bräuchte. Man kann von jeder Gefahr der Schande frei sein, solange man -

wild entschlossen, jeden Moment zu sterben, oder sich bereits für tot haltend - sowohl in seinem Dienst als auch beim Ausüben militärischer Tugend sich ernsthaft bemüht.

... In den vergangenen 30 Jahren geschahen viele Veränderungen. Wann auch immer sich junge Samurai treffen, sie reden nur über finanziellen Reichtum anderer, Gewinn und Verlust, ihr Haushaltsbudget, Kleidung und Sex. Ohne solche Themen fühlen sie sich angespannt. Welch erbärmliche öffentliche Moral jenseits jeder Besserung!

Früher hatten die 20- und 30jährigen keine solch nichtswürdigen Ideen im Sinn, weshalb auch keine Worte über solche Themen aus ihren Mündern kamen. Selbst ein alter Samurai, der unbewußt so daherquatschte, wurde gewarnt, dass man ihn dafür strafen würde. Die gegenwärtige öffentliche Moral ist wahrscheinlich auf die tölpelhafte Art zurückzuführen, mit der größtes Gewicht auf finanzielle Angelegenheiten gelegt wird. So lange sich jemand von Luxus fernhält, der seinem Stand unangemessen ist, kann er frei von solchem Denken sein.

Es ist auch verachtenswert, einen sparsamen jungen Mann als guten Haushälter zu bezeichnen. Ein zu sparsamer Geist neigt dazu, die sozialen Verpflichtungen zu versäumen, der Mann endet womöglich als feiger Geizhals.

Lerne durch Beobachten des Beispiels anderer

Dies erzählte mir Ishida Ittei:

"Wenn jemand eine gute Vorlage in der Kalligraphie wählt und hart daran arbeitet, sie zu imitieren, wird seine Hand, am Anfang noch unsicher, erfreuliche Fortschritte machen. Der Gefolgsmann mag sich ebenso an einem herausragenden Krieger orientieren.

Obschon vorbildliche Gefolgsleute, die andere in allem überragen, heutzutage sehr schwer zu finden sind, kann jemand verschiedene Männer auswählen, von denen jeder den anderen in einer anderen Tugend übertrifft, wie etwa Anstand, Tapferkeit, die Art zu sprechen, gutes Benehmen, Treue und schnelle Entschlußfähigkeit, denen man hart nacheifern kann.

Schüler aller Richtungen neigen dazu, die unfertigen Punkte ihrer Lehrer zu imitieren, statt deren Stärken nachzuahmen. Das führt zu keinen fruchtbaren Ergebnissen. Dies gilt auch für einen Gefolgsmann, der sich als Lehrer einen Mann aussucht, der gute Manieren hat, aber unloyal ist, und dann die untreue Seite von dessen Charakter imitiert statt seiner guten Manieren.

Finde die starken Punkte anderer Menschen heraus und folge ihnen. So kann jeder, egal was er ist, zu einem guten Beispiel und Lehrer werden."

Was man beim Trinken beachten muss

Viele Samurai sind durchs Saufen zugrunde gegangen, eine außerordentlich bedauernswerte Sache. Man sollte das eigene Trink-Limit kennen und innerhalb dieser Grenze bleiben. Selbst bei solcher Vorsicht übertreibt man ein ums andere Mal. Bei einer Festlichkeit muß man wachsam sein, entschlossen und bereit für jeden Notfall. Das Trinkgelage hat eine soziale und öffentliche Funktion, bei der man sorgsam aufpassen muß, sich keinen Ausrutscher zu erlauben.

Sprich Worte der Ermutigung

Wenn man einen Mann zum Trost besucht, der unter Unglück leidet, ist das erste Wort des Besuchers von größter Wichtigkeit, weil das seine wahre Gesinnung offenbart. Der Samurai, der verzagt und besorgt erscheint, egal in welcher Situation, ist ein Versager; er ist nutzlos, wenn er nicht hochmotiviert bereit ist, mit allen Mitteln nach dem Sieg zu streben. Darum muß ein deprimierter Mensch aufgebaut werden.

Sei zu Besuchern freundlich, auch wenn du beschäftigt bist

Manchmal geschieht es, dass jemand ein Amt zur betriebsamsten Zeit aufsucht und von seinem Anliegen spricht, ohne irgendwie die geschäftige Luft zu spüren. In diesem Fall, wo Beamte oft mürrisch und wütend auf den Besucher reagieren, gebietet der Kodex der Samurai, ruhig und bedacht die Angelegenheiten des Besuchers zu handhaben. Abweisender Empfang von Besuchern steht nur niederem Fußvolk gut an.

Fürchte den Regen nicht

Man muß "die Lektion des Platzregens" verstehen. Ein Mann, der unterwegs von plötzlichem Regen überrascht wird, rennt die Straße hinunter, um nicht naß und durchtränkt zu werden. Wenn man es aber einmal als natürlich hinnimmt, im Regen naß zu werden, kann man mit unbewegtem Geist bis auf die Haut durchnäßt werden. Diese Lektion gilt für alles.

Strebe danach, andere zu übertreffen

Mag der Mittelweg der beste sein; solange man nicht immer danach trachtet, andere zu übertreffen, praktiziert man nicht *Bushido.* Beim Bogenschießen müssen beide Arme auf der gleichen Höhe gehalten werden. Weil der rechte Arm dazu neigt, höher als der linke gehalten zu werden, wird der Schüler angewiesen, seinen rechten Arm zu senken, wodurch beide Arme auf die gleiche Höhe kommen.

Ein alter Hase erzählte mir einst: "Wenn jemand konzentriert Tag und Nacht darauf sinnt, erfolgreiche Samurai zu übertreffen und im Krieg starke Feinde zu töten, kann er sein Feuer des Mutes am Leben erhalten, frei von Niedergeschlagenheit und dadurch seine Tapferkeit beweisend." Selbst zu Friedenszeiten sollte man diese Einstellung pflegen.

Erziehe das Kind eines Samurai angemessen

Es gibt bestimmte Arten, wie ein Samurai sein Kind erziehen soll. Zuerst, baue seinen Mut auf. Nicht ein einziges Mal drohe ihm oder täusche es. Ein furchtsames Herz, einmal erlangt, verläßt das Kind nie mehr bis ans Ende seiner Tage; es bleibt bei ihm als sein wesentliches Manko. Dumme Eltern schüchtern ihre Kinder bei Donnergroll ein, machen ihnen Angst vor der Dunkelheit und erzählen schreckliche Geschichten, um sie vom Weinen abzuhalten, wodurch sie unverzeihliche Fehler in der Kindeserziehung begehen.

Als kleines Kind kann man zurückbleiben, wenn man zu sehr gescholten wird. Bringe dem Kind auch keine schlechten Angewohnheiten bei. Wenn die einmal in ihm festsitzen, können sie nur schwer wieder abgeschüttelt werden, wie angestrengt die Eltern auch dem Kind Vorwürfe machen mögen. Laß das

Kind Schritt für Schritt aufwachsen, achte auf seine Sprache und sein Benehmen und halte es davon ab, gierig zu werden. Angemessen aufgezogen, kann ein Kind mit gewöhnlichem Charakter zu einem brauchbaren Erwachsenen heranreifen.

Es ist nur natürlich, dass ein Kind unglücklich verheirateter Eltern diesen nichts nutzen wird. Selbst Vögel und wilde Tiere werden von dem geprägt, was sie sehen und hören.

Mit einer einfältigen Mutter in der Familie kann die Verbindung zwischen Vater und Sohn degenerieren. Die Mutter verhätschelt ihren Sohn und stärkt ihm den Rücken, wenn er von seinem Vater getadelt wird. Dadurch bezieht sie aus eigennützigen Gründen mit dem Sohn gegen den Vater Stellung, vielleicht, um ihr Auskommen im Alter zu sichern.

Achte auf deine Worte

Ein Mann mit schwacher Überzeugung wird leicht von anderen auf deren Seite gezogen. Bei einem Treffen hört man sich manchmal ausrufen: "Genau!", wenn man von einem anderen Mann fasziniert ist, der unachtsam über etwas spricht, über das er nicht nachgedacht hat. Eine dritte Partei wird solch ein Wort sicher für Zustimmung halten. Man muß also auf der Hut sein, wann immer man mit anderen zusammentrifft.

Wenn man seine Meinung sagt oder angesprochen wird, sollte man mit dem anderen so verfahren, dass man von ihm nicht eingenommen wird, und bereit sein, die eigene Ablehnung klar anzuzeigen und Ideen, die den eigenen entgegenstehen, zurückzuweisen. Sogar in einer unbedeutenden Angelegenheit kann ein scheinbar zu vernachlässigendes Detail eine Falle sein, wenn man nicht stets auf der Hut ist.

Es ist weise, sich nicht zu sehr mit einem Mann von fragwürdigem Charakter anzufreunden, damit man nicht von ihm eingenommen und in sein verdrehtes Denken verwickelt wird. Man benötigt jahrelange Erfahrung, um sich von solchen Irrtümern freizuhalten.

Sei kein vollendeter Techniker

Ein Sprichwort paßt auf niemanden besser als auf die Samurai anderer Clans: "Könnerschaft ist für ihren Besitzer von lebenslangem Nutzen." In unserem Clan aber ruiniert sie nur das Leben der Samurai.

Ein Mann, der eine Kunst vervollkommnet hat, ist ein Techniker, kein Samurai. Ziele darauf ab, "irgendein Samurai" genannt zu werden. Denke daran, dass Fertigkeiten einem Mann nur helfen können, seine Pflicht zu erfüllen, wenn er verstanden hat, dass ein besonderes Talent ein Abschreckungsmittel für das Dasein eines echten Samurai darstellt.

Fürchte kein Unglück

Jemand sagte: "Jeder denkt, die Entlassung aus dem Amt des Gefolgsmannes wäre eine enorme Belastung, und ein Gefolgsmann, der so weggeschickt würde, müßte tiefbetrübt und niedergeschlagen sein. Als ich einmal *ronin* war, entdeckte ich, dass dieses Leben nicht so schmerzlich war, wie ich es mir vorgestellt hatte; es war tatsächlich ganz anders als in meiner Phantasie. Ich sollte mich freuen, wieder ein *ronin* werden zu können." Das ist eine vernünftige Ansicht.

Ein Mann, der immer auf den Tod vorbereitet ist, kann sicher einen friedvollen Tod sterben. Unglück ist nicht so schlimm wie wir es uns vorher einbilden, deshalb ist es närrisch, sich mit Gedanken an Unbill zu plagen, die noch kommen mag. Man darf nie vergessen, dass das schlimmste Schicksal eines Gefolgsmannes trotzdem die Entlassung aus seinem Dienst oder ein erzwungener Selbstmord durch *seppuku* ist.

ERKENNE DIE WAHRE NATUR VON GUT UND BÖSE

Die Schicksalsschläge in einem Menschenleben können nicht seinem Guten oder Bösen zugeschrieben werden. Aufstieg und Fall des Menschen liegen in der Natur der Dinge, während sein Gutes und Böses von irdischem Urteil durch den Menschen abhängen. Menschen neigen jedoch dazu, die Höhen und Tiefen anderer als Folgen von Tugend und Unsitte zu sehen, um andere mit einer lebendigen Lektion zu beeindrucken.

ZEIGE DEINEN UNZÄHMBAREN ENTSCHLUSS

Als die Männer, die dem Fürsten nahestanden, auf verschiedene Truppenstandpunkte in Nagasaki verteilt wurden, fand ich auf der Liste meinen Namen der Reservearmee zugewiesen, die von meinem Fürsten entfernt stationiert war. Darum erklärte ich dem leitenden Beamten: "Ich kann einen solchen Posten nicht annehmen, der mich zu Kriegszeiten von meinem Fürsten trennt. Ich schwöre hiermit inständig, mein Herr, mein Siegel der Anerkennung nicht auf diesem Rundschreiben anzubringen. Sollten sie mich für anmaßend halten und mir meinen Posten abnehmen, wäre das genau das, was ich will. Wenn mir befohlen würde, *seppuku* zu begehen, wäre ich sogar noch glücklicher." Später wurde die Sache überprüft und Änderungen bei den Garnisons-Posten vorgenommen. Vergiß nicht: Ein Mann, der nicht in der Lage ist, seinen unzähmbaren Entschluß in der Jugend zu zeigen, ist nichts wert.

Schau in den Spiegel

Es ist ratsam, sich anzugewöhnen, in den Spiegel zu schauen, um die eigene Erscheinung zu ordnen. Nachdem ich angewiesen worden war, mir im Alter von 13 Jahren eine Stirnlocke als Zeichen meiner Knappenschaft wachsen zu lassen, zog ich mich etwa ein Jahr in mein Haus zurück, weil meine Verwandten von mir sagten: "So klug wie er aussieht, wird er sicher früher oder später unangenehm auffallen. Unser Fürst kann schlaue Gesichter nicht leiden."

Als die Leute mich nach diesem Jahr trafen, in dem ich ständig in einsamer Abgeschiedenheit vor dem Spiegel meine Erscheinung verbesserte, nannten sie mich krank und schwach. Ich wußte also, dass meine Voraussetzungen für den Gefolgsdienst nun vollständig waren.

Einem Mann mit einem schlauen Ausdruck im Gesicht vertrauen die anderen nicht. Wenn er nicht festen Geistes in sich ruht, ist seine Erscheinung kein schöner Anblick. Ein ehrfurchtsvoller, strenger und ruhiger Mann ist am besten.

Die Pflicht des Clan-Inspektors

Clan-Inspektor Metsuke wird zu einer schädlichen Existenz, wenn er sein Urteil nicht mit weitem Horizont zur Verbesserung des Lehnsgutes einsetzt. Seine Pflicht ist es, das Lehnsgut angemessen zu verwalten. Da der Fürst selbst nicht in der Lage ist, alle Geschehnisse im Lehen zu überwachen, wird der Lehns-Inspektor an seiner Stelle beauftragt, korrekte Informationen über das Verhalten des Fürsten zu sammeln, über Böses und Gutes der Minister, die Stimmen des Volkes, die Freuden und Sorgen der niederen Klassen etc., wodurch die Verwaltung des Clans überprüft wird. Das grundlegende Ziel ist, die

Handlungen derer auf den höchsten Rängen des Clans zu kontrollieren.

Tatsächlich neigt der Inspektor dazu, nur die schlechten Taten der niederen Klassen zu untersuchen und dem Fürsten zu enthüllen. Dies verstärkt die üblen Taten hochrangiger Männer nur noch mehr, die dem Wohlergehen des Lehens schaden. Obwohl nur wenige wirklich bewundernswerte Männer in den niederen Klassen gefunden werden, sind ihre geringfügig bösen Taten der Sicherheit des Lehens nicht besonders abträglich.

Die Verantwortlichen für kriminelle Untersuchungen sollten Verdächtige überprüfen und hoffen, dass deren Vorträge bei Gericht ernsthaft erhört werden, um ihre Freilassung zu beeinflussen. All das dient dem Wohlstand des Lehens.

Kläre stolz deinen Fürsten auf

Um den Fürsten aufzuklären, muß man verschiedene Wege kennen. Man muß klug genug sein, den Fürsten nicht zu beleidigen, wenn man seine Schwachpunkte korrigiert. Der treue Hosokawa Yoriyuki hat es vorgemacht.

Einmal wollte der Fürst eine Reise in einer Seitenstraße unterbrechen. Ein alter Ratgeber sagte daraufhin zum Gefolge: "Ich werde dem Fürsten von diesem Halt abraten, der nach so vielen Verzögerungen undenkbar ist, selbst wenn mich das mein Leben kostet. Ich verabschiede mich." Dann bereitete er sich auf den Tod vor, indem er ein kaltes Bad nahm und Grabkleidung anzog, woraufhin er um Vorsprache beim Fürsten bat. Bald darauf erschien er wieder und platzte heraus: "Ich bin sehr zufrieden, weil der Fürst bereitwillig meinen Bedenken zuhörte. Ich fühle mich auch ausgesprochen glücklich, euch alle noch einmal wiedersehen zu können."

Diese Art von Verhalten dient nur dazu, des Fürsten Versehen und die eigene Loyalität bekanntzumachen, um Ruhm zu ernten, ein Akt, wie er oft von Gefolgsleuten vollzogen wird, die aus anderen Clans stammen.

Verachtete berechnende Feiglinge

Diejenigen, die für eigennützigen Gewinn arbeiten, sind Feiglinge. Der Grund liegt darin, dass ein berechnender Mensch, der ständig Gewinn und Verlust gegeneinander aufrechnet, sich von diesem Gedankenmuster nicht trennen kann, weshalb er den Tod als Verlust und das Leben als Gewinn betrachtet - und ersteren haßt, was ihn als Feigling enden läßt. Die Gebildeten verhüllen ihren innersten Charakter wie Feigheit und Gier durch Schlauheit und Beredsamkeit, eine Tarnung, die andere irreführt.

Knappendienst

Seit das traditionelle *seppuku* nach dem Tod eines Fürsten verboten wurde, gab es keinen Samurai, der seinem Fürsten ganz und gar diente. Der Nachfahre eines Gefolgsmannes darf, auch als noch sehr kleines Kind, das Haus beerben. Das bietet Gefolgsleuten keinen Anreiz, ihrem Fürsten ausdauernd zu dienen. Knappen werden nicht länger gebraucht, um ihren Fürsten bei seinem zweijährigen Aufenthalt in Edo zu begleiten, wodurch die Moral der Gefolgsleute nachläßt. Zuviel Nachsicht durch meinen alten Fürsten schadet Gefolgsleuten mehr als sie nutzt. Es ist immer noch nicht zu spät, den Knappendienst zu fördern.

Heutzutage können Jugendliche mit 15, 16 Jahren die *toga virilis*[1] annehmen, was dazu führt, dass sie - ohne Bescheidenheit - von niederem Gerede über Essen und Trinken aufgesogen werden, Tabuworten oder angesehener Moral keine Beachtung schenken und sich von eitlem Zeitvertreib vereinnahmen lassen. Aus diesem Zustand kann kein herausragender Gefolgsmann erwachsen.

Die als Knappen gedient haben, konnten verschiedene Pflichten eines Gefolgsmannes beobachten und so ihrem Fürsten nützlich werden. In vergangenen Tagen wurde Soejima Hachi'uemon und Nabeshima Kambei erlaubt, die *toga virilis* anzunehmen, und sie wurden von ihrem Knappendienst befreit, als sie 42 und 40 Jahre alt waren.

KÄMPFE VERZWEIFELT

"*Bushido* heißt, verzweifelt im Rachen des Todes zu kämpfen", kommentierte Fürst Naoshige. "Selbst Dutzende von Männern finden es manchmal schwer, einen einzigen Samurai in diesem wilden Zustand zu töten."

Von einem Mann gewöhnlichen, gesunden Geistes kann man nicht erwarten, dass er Großes vollbringt; nur wenn er sich in einen beinahe verrückten, verzweifelten Zustand bringt, weit jenseits von Vernunft und Eigennutz, kann er solches leisten. Genauso steht ein Mann, der einmal von Zurückhaltung besessen ist, weit hinter den anderen zurück, die *Bushido* üben, das keinen besonderen Gedanken von Loyalität oder kindliche Pietät verlangt, sondern nur verzweifeltes Kämpfen, in dem Loyalität und kindliche Pietät sich spontan selbst erzeugen mögen.

---

[1] Ein Zeichen der Initiation.

Fühle dich keinem Mann unterlegen

"Wer einen Meister seiner Kunst beobachtet und ihm zuhört und daraufhin schließt, er könne es nie soweit bringen, ist ein Weichling; wer sich dem Meister, einem anderen Menschen, nicht unterlegen fühlt, und sein Herz ganz auf Meisterschaft ausrichtet, hat seine Füße bereits auf den Weg der Vervollkommnung gesetzt. Konfuzius hatte seinen Namen verdient, als er sein Herz im Alter von 15 Jahren aufs Lernen richtete. Es folgten Jahre des Studiums, bevor er ein Weiser wurde", sagt Ittei. Eine buddhistische Schrift meint: "Wenn jemand zum Buddhismus erweckt wird, leben die Lehren des Buddha bereits in seinem Geist."

Achte auf deine Sprache

Der Samurai muß auf alles vorbereitet sein, um nicht das geringste Zucken zu zeigen. Wenn man nicht auf seine Sprache achtet, mag man etwas brabbeln wie "ich habe Angst", "in so einem Fall werde ich sicher fliehen", "das ist fürchterlich" oder "es tut schrecklich weh".

Weder im Schlaf noch im scherzhaften Gespräch sollte ein Samurai sich erlauben, solche Worte zu äußern. Wenn sie von einem vernünftigen Mann gehört werden, kann er die Gedanken auf dem Grunde des Herzens eines solch sorglosen Sprechers leicht erkennen. Sei immer auf der Hut.

Sei entschlossen

Ein altes Sprichwort lautet: "Denke scharf nach und entscheide innerhalb von sieben Atemzügen." Fürst Takanobu kommentierte einmal: "Langes Überlegen stumpft den scharfen Rand einer Entscheidung ab." Fürst Naoshige wurde so vernommen:

"In sieben von zehn Fällen stellen sich die Dinge, die zögerlich ausgeführt wurden, als falsch heraus. Vom Samurai wird schnelles Handeln erwartet bei allem, was er in Angriff nimmt."

Ein verwirrter Geist führt zu keiner klaren Entscheidung. Ein Mann ohne nagende Zweifel, von frischem und hohem Geist, kann innerhalb von sieben Atemzügen zu einer Entscheidung kommen. Geistesgegenwärtig muß man entschlossen eine Entscheidung treffen.

Ein beliebter Mann

Ein Mann, der sich auskennt, wird bald Opfer von Selbsttäuschung, erfreut sich daran, ein fähiger Mann genannt zu werden und prahlt, seiner Zeit voraus zu sein, von der Illusion geblendet, dass niemand ihn übertreffen könne. Solch ein Verhalten wird sicher den Zorn des Himmels nach sich ziehen.

Welches Talent auch immer man geschenkt bekommt, man kann keinen guten Dienst leisten, wenn man von anderen nicht gemocht wird. Niemand kann einen Mann hassen, der sich darum bemüht, nützlich zu sein, der seinen Dienst liebt, sich dafür anstrengt und allzeit bereit mit seinen Weggefährten arbeitet.

Vermeide Beförderung, solange du jung bist

Befördert zu werden und als nützlicher Samurai zu dienen, wenn man noch jung ist, kann keine fruchtbaren Ergebnisse bringen; wie glänzend er auch von Natur aus sein mag, die Fähigkeit des jungen Mannes ist noch nicht reif genug, andere zu überzeugen. Es ist darum besser, erst allmählich mit ungefähr 50 Jahren aufzusteigen. Ein Mann, dessen Beförderung, gemessen an seinem Können, als zu langsam in den Augen anderer erscheint, kann wahrhaft große Ergebnisse in seinem Dienst zustandebringen.

Ein Mann, der seinen Reichtum verschleudert hat, aber seine edlen Ziele aufrecht erhält, kann sich bald von solchem Makel erholen, weil er frei ist von dem Streben nach selbstsüchtigem Gewinn.

Übertreffe andere, indem du auf ihre Ratschläge hörst

Der beste Weg, andere zu übertreffen, ist der, von anderen aufrichtig die eigenen Angelegenheiten kritisieren zu lassen und sie um Rat zu fragen. Für die meisten Menschen zählen nur ihre eigenen Meinungen. So kann man andere aber nicht übertreffen. Dazu muss man andere um Rat fragen.

Ein Samurai, der viel besser als ich schreibt, zeigte einmal ein offizielles Dokument, das er an einen anderen geschrieben hatte, um von ihm einen Rat zu erhalten. Die Tatsache, dass er einen anderen Mann bat, das Schreiben durchzusehen und zu korrigieren, zeigt, dass er bereits über den anderen stand.

Sei rein und einfach

In keiner Übung kann es eine Stufe geben, auf der jemand denkt, er habe alles erreicht. Solch ein Gefühl der Vervollkommnung steht in sich selbst schon dem Üben des Weges entgegen. Ein Mann, der mit seinen Ergebnissen das ganze Leben lang unzufrieden war, obwohl er von ganzem Herzen bis zu seinem letzten Atemzug übte, hat rückblickend sein Ziel erreicht.

Rein und einfach zu werden und Konzentration zu pflegen, ohne mehr als ein Ziel zu verfolgen, ist eine schwierige Lebensaufgabe. Das Verfolgen des Zieles führt einen Menschen, wenn es nicht in reinem und klarem Geist geschieht, niemals auf den Weg. Es ist unabdinglich, nur an den Dienst als Gefolgsmann und an militärische Tugenden zu denken.

Das erste Wort

Das erste Wort aus dem Munde eines Samurai ist wichtig, weil dieses eine Wort seine Tapferkeit offenbart. In Friedenszeiten wird Mut an den Worten erkannt, die einer äußert; sogar in unruhigen Zeiten zeigt das erste Wort, ob der Krieger tapfer oder ängstlich ist. Das erste Wort ist sozusagen die Blume des Samurai-Geistes; es entzieht sich angemessener Beschreibung.

Bewege Himmel und Erde

Nichts ist in dieser Welt unmöglich. Fester Entschluß kann Himmel und Erde bewegen, sagt man. Dinge scheinen weit jenseits eines Menschen Macht zu liegen, weil er sein Herz aus Mangel an starkem Willen nicht auf ein schwieriges Projekt richten kann. Es hängt ganz von der geistigen Einstellung ab, "sogar Himmel und Erde zu bewegen, ohne die eigene Stärke anzuwenden."

Sei freundlich zu bekannten Männern

Stelle dich freundlich mit bekannten Männern, die dem Fürsten nahestehen. Nicht, um zu deinem Vorteil zu schmeicheln, aber als Mittel, in Zukunft dem Fürsten über solche Männer Ratschläge zu erteilen.

Wenn der berühmte Mann dem Fürsten nicht mit treuem Herzen dient, sollte diese Art von freundlicher Beziehung gar nicht etabliert werden. Alles, was du tust, muß sich um das Wohlergehen des Fürsten drehen.

Sei bescheiden und handle nach den Lektionen

Es gibt viele, die belehren wollen, und nur wenige, die ihnen zuhören wollen. Noch weniger halten sich an die gegebenen Lektionen. Wenn ein Mann schon in seinen Dreißigern ist, wird niemand es wagen, ihn zu ermahnen. So neigt er dazu, ohne dass ihm eine Lektion erteilt würde, seinen eigenen Weg zu gehen, wiederholt seine Missetaten und Torheiten immer wieder, bis er als Tunichtgut endet. Darum muß man sich mit einem vernünftigen Menschen umgeben und seinen Belehrungen lauschen.

Fürchte keine Fehler

Ein Gefolgsmann, der nichts als seine Pflichterfüllung im Gefolgsdienst liebt, ist lobenswert. Ein Gefolgsmann, der vor einem großen Auftrag Angst hat und bittet, von ihm befreit zu werden, ist ausweichend und unmännlich. Wenn jemand bei einem Auftrag trotz größter Anstrengung versagt, ähnelt das Versagen einem ehrenhaften Tod in einer verzweifelten Schlacht.

Sei immer bescheiden wie beim ersten Treffen

Wenn alle Menschen in einer Gesellschaft in Harmonie miteinander leben können und ihr Dasein dem Weg des Himmels überlassen, werden sie sicherlich bequem und ruhig leben. Ein Mann, der mit anderen nicht in Harmonie lebt, kann nicht als loyal dem Fürsten gegenüber angesehen werden, was für ein edles Prinzip er auch für sich in Anspruch nimmt.

Die da schlecht mit anderen stehen und sogar unregelmäßig stattfindenden Treffen fernbleiben oder nur zynisch daherreden, werden alle von ihrem engen Denken bestimmt. Selbst wenn ein Mann mit einem anderen nicht übereinstimmt, wird ein warmer Gruß von ihm erwartet, wann auch immer er den anderen trifft; er sollte sich darauf einstellen, sich mit dem anderen zu arrangieren, damit wiederholte Treffen nicht langweilig werden – stets an einen möglichen Augenblick denkend, in dem eine freundliche Beziehung dringend nötig sein könnte.

In dieser vergänglichen Welt, in der niemand seines Lebens sicher sein kann, ist es peinlich, ganz plötzlich als jemand zu sterben, von dem andere schlecht denken. Man sollte nicht als geldgeiler Mönch oder Verrückter enden, oder wie äußerst schmähliche und selbstsüchtige Kreaturen.

Um anderen Raum zu geben, wetteifere nicht unnötig mit ihnen, bleibe höflich und bescheiden und erledige Dinge bedächtig zum Wohle anderer, selbst wenn sie dir zum Nachteil gereichen, denn das gewährleistet unvermindert freundliche Beziehungen bei jedem Treffen, so als wäre es das erste Mal.

Dasselbe gilt auch fürs Eheleben: Es gibt keinen Raum für Ehezwist, wenn jemand in späteren Jahren so diskret und bescheiden bleibt, wie er es bei der ersten Begegnung mit dem Ehepartner war.

Ein "Reue-Tagebuch"

In jungen Jahren führte ich ein "Reue-Tagebuch", um meine täglichen Schnitzer zu notieren. Es verging nicht ein Tag, an dem ich nicht 20, 30 Fehler aufschrieb. Angesichts dieser unabwendbaren Patzerparade gab ich schließlich das Tagebuch auf.

Selbst jetzt, wenn ich im Bett darüber nachsinne, was ich am Tage gemacht habe, sind da zumindest ein paar Fehler, die mir in Wort oder Tat unterliefen. Was für ein unvollkommener Mann ich bin! Ein Mann, der von seiner Klugheit zu sehr eingenommen ist, kann nicht auf diese Art reflektieren.

Loyalität und kindliche Pietät

Ein loyaler Gefolgsmann wird in dem Hause eines Samurai gefunden, der seine Sohnespflicht tut, heißt es in einem Sprichwort. Man sollte seinen Eltern gegenüber durch und durch pflichtbewußt sein und bereuen, nicht noch mehr für sie getan zu haben, wenn sie gestorben sind.

Da viele Gefolgsmänner naturgemäß dazu neigen, sich im Dienst ihrer Fürsten zu verausgaben, kümmern sich nur wenige um ihre Sohnespflicht. Loyalität und kindliche Pietät zeigen sich nicht, bevor Fürst und Eltern unvernünftig handeln. Wenn sie vernünftig und wohlgesonnen sind, verhält sich sogar ein Fremder freundlich ihnen gegenüber. Pinien und Eichen, sagt man, sehen schöner aus, wenn Frost auf ihnen liegt.

Der Mönch Gensei ging bei Sonnenuntergang heimlich zu einem Fischhändler und brachte den Fisch - versteckt unter seiner Robe - zu seiner Mutter. Seine Ergebenheit und Treue den Eltern gegenüber steht weit über dem, was üblich ist.

ÜBER *SHUDO*

Männer begehen oft lebenslange Fehler wegen *shudo* oder homosexueller Beziehungen in ihrer Jugend. Heutzutage scheint niemand den jungen Männern die Verpflichtungen von *shudo* zu nennen, ohne die ihre Integrität leicht aufs Spiel gesetzt wird. Das folgende gibt wieder, was ein Mann namens Shikibu darüber lehrte:

Wie eine treue Frau kein zweites Mal heiratet, sollte jemand nur einem männlichen Liebhaber im Leben amourös verbunden sein in seiner Übung des *shudo*. Sonst wäre er nicht besser als ein professioneller Sodomit oder eine Dirne, eine Schande für die Samurai.

Saikaku ist bekannt für seine Anmerkung: "Ein junger Mann ohne bürgenden, älteren Liebhaber ist wie ein junges Mädchen ohne Fiancé", doch andere machten sich über die *shudo*-Liebhaber nur lustig. Wenn du ganz sicher nach einer jahrelangen Verbindung die stetigen Liebesabsichten eines älteren Mannes herausgefunden hast, kannst du ihn um eine *shudo*-Beziehung ersuchen.

Da beide, einmal so verbunden, ihr Leben füreinander geben können müssen, sollte man sich der Absicht des anderen doppelt sicher sein. Eines ängstlichen Mannes Liebe ist nie tief verwurzelt; er ist verdammt, seinen Liebhaber später im Stich zu lassen. Wenn irgendein anderer Mann sich dir nähert, weise ihn schroff ab und erkläre, dass er nach Schwierigkeiten schreit. Sollte der andere weiter fragen: "Welche Art von Schwierigkeiten?", dann sage: "Wie kannst du es wagen, solch eine Frage zu stellen, wo ich noch am Leben bin!" Wenn er weiterbohrt, erschlage ihn wütend mit deinem Schwert.

Der Ältere muß seinerseits vor der Zusage sich des treuen Herzens des jüngeren Liebhabers gewiß sein. Seine amourösen

Wünsche werden erfüllt werden, wenn er es mehrere Jahre lang stark genug unter Einsatz seines Lebens versucht.

Wenn du *shudo* pflegst, renne niemals Frauen hinterher. Widme dich stattdessen dem Training der Kampfkünste – ein Weg des *bushido*.

Sei dickköpfig

Eine dickköpfige Haltung paßt, noch vor Intelligenz und Diskretion, am besten zu Männern unter 40. Selbst in den Vierzigern und später kann der, der keinen kraftvollen Willen hervorbringt, trotz Charakter und Status andere nicht beeinflussen.

Fordere den Feind ungestüm heraus

Bist du entschlossen, jemanden zu töten, erlaube dir niemals zu denken: "Ich könnte verlieren, wenn ich den Feind sofort stelle. Stattdessen wähle ich lieber eine Verzögerungstaktik." Solches Denken beraubt einen des Timings und nimmt viel vom ursprünglichen Entschluß weg, weshalb er dann oft nicht verwirklicht werden kann. Der Weg des Samurai verlangt, dass er kopfüber in seinen Feind hineinstürmt, sogar blindlings.

Während buddhistischer Zeremonien im Jissoin-Tempel bei Kawakami hatte ein betrunkener Knappe eines hochrangigen Mannes auf einem Boot einen Streit mit dem Fährmann. Am Ufer angekommen, zog der Knappe das Schwert, wurde aber zuerst von der Stange des Bootsmannes am Kopf getroffen. Andere Bootsmänner eilten mit Rudern in der Hand herbei, um den Knappen niederzuknüppeln. Der Herr aber wandte sich ab und verließ die Szenerie. Ein anderer Knappe jedoch rannte zurück, entschuldigte sich bei dem Bootsmann, streckte den besagten Knappen nieder und brachte ihn zurück zur Residenz des Herrn. In dieser Nacht, so heißt es, wurden dem geschlagenen Knappen seine Schwerter abgenommen.

Zuerst einmal ist der Herr verantwortlich, weil er den geifernden Knappen nicht gerügt und den Bootsmann auf dem Fährboot nicht beruhigt hat. Dann jedoch, als der Knappe auf den Kopf geschlagen war, stand beruhigendes Zureden außer Frage, auch wenn der Knappe nicht vernünftig gehandelt hatte. Unter dem Vorwand von Entschuldigungen hätte der Herr den Bootsmann mit einem und den Knappen mit dem nächsten Schlag töten sollen. Der Herr war ein Feigling.

Wirf kleinmütige Logik weg

Yamazaki Kurando bemerkte einmal: "Ein Gefolgsmann, der zu klar auf den Grund der Dinge sieht, ist nicht wünschenswert." Solch eines Mannes Geist ist besessen von Fragen, ob diese oder jene Aktion loyal, berechtigt, angemessen für einen Gefolgsmann ist oder nicht. So werden Dinge vom Standpunkt der Vernunft und Gerechtigkeit aus analysiert, was mir gar nicht gefällt.

Solange jemand freudig seinen Gefolgsdienst jenseits aller Vernunft wahrnimmt und seinem Fürsten mit blinder Ergebenheit folgt, ist sein Dienst vollkommen. Solch ein Mann ist ein wahrer Gefolgsmann. Seinem Dienst ganz und gar ergeben und ernsthaft an seinen Fürsten denkend, mag er bei ein, zwei Fehltritten erwischt werden. Sein Herz aber ist frohen Mutes.

Auch wenn Leute sagen: "Dinge zu weit zu treiben ist wertlos", sollte ein Mann im Gefolgsdienst zufrieden mit seinem außerordentlich feurigen Dienst sein - selbst bei den paar Fehlern, die dabei passieren. Ein Mann, der Dinge für falsch oder richtig halten kann, ist in unwichtige Details verstrickt und verschwendet sein Leben für nichts – ein bedauernswerter Anblick. Des Menschen Leben ist extrem kurz. Man sollte ungestüm voranstürmen; von solchem rein glühendem Eifer beim Gefolgsdienst abgelenkt zu werden, mag ich nicht. Wirf alles weg und versenke dich im Gefolgsdienst: Das ist die höchste Form für einen Gefolgsmann. Einleuchtende Logik über Loyalität, Gerechtigkeit und so weiter sind verachtenswert.

Missbrauche die Toten nicht

Als ein Samurai anmerkte: "Wie traurig, dass XY so jung starb!" antwortete ich: "Stimmt, er war ein wertvoller Mann." Als nun dieser Samurai lamentierte, dass in diesen Tagen des Niedergangs *giri*, die sozialen Verpflichtungen, vollständig verworfen würden, tröstete ich ihn: "Wie ein Sprichwort sagt: 'Wenn die Dinge ganz übel laufen, werden sie sich zum Besseren wenden.' Darum wird diese Welt sich zweifellos verbessern."

Nach der Hinrichtung von Nakano Shogen wurde dieser bei einem Treffen im Haus der Gruppe von Kommandant Oki Zen-Hyobu gehörig schlechtgemacht, woraufhin Hyobu die Männer zurechtwies: "Wir sollten nicht schlecht von den Toten sprechen. Menschen, die beschuldigt wurden, sollten bedauert werden; über Tote das Beste zu sagen, was man kann, entspricht der Verpflichtung des Samurai zu gegenseitigem Mitleid am ehesten. Nur der Himmel weiß, ob Nakano Shogen nicht in 20 Jahren als loyaler Gefolgsmann wiedereingesetzt wird." Diese kostbaren Worte standen dem alten Kämpfer gut zu Gesicht.

Diene dem Fürsten als nützlicher Mann

"Es gibt keinen Herren, der keine nützlichen Männer unter sich will", sagte einmal Furukawa Rokuzaemon, "selbst die Männer von unserem bescheidenen Rang wollen gute Männer zur Hand haben; um wieviel mehr sollten Männer auf hohen Positionen solche verlangen! Darum kann ein Mann, der danach strebt, sich nützlich zu machen, seinen Weg zum Dienst für den Fürsten leicht finden, er muß nur das Angebot annehmen wie etwas, das man schon lange haben wollte. Erst als ich ein alter Mann wurde, erkannte ich, dass die Menschen ihr Leben sinnlos vergeuden, ohne diese Wahrheit zu erkennen. Junge Männer, seid vorsichtig!"

Seine Worte sind noch frisch in meiner Erinnerung. Was ein Gefolgsmann im Sinn behalten muß, ist einfach: Er muß nur daran denken, dem Fürsten als nützlicher Mann zu dienen, ohne irgendwelche hochtrabenden Ideen. Wenn Männer auch nicht wirklich von solchem Geist entfernt sind, ist es doch ernstlich bedauernswert, dass sie sich nicht guten Mutes bemühen, die Hindernisse auf ihrem Weg zu überwinden, sondern ihr kostbares Leben nur eitel verschwenden.

Es gibt auch Männer, die sich offenkundig mit ihrem Rückzug abfinden, weil sie sich ihrer Fähigkeiten im Dienst für den Fürsten auf ihrer niederen Position nicht sicher sind. Solange jedoch jemand sein treues Herz als nützlicher Mann auf den Dienst für den Fürsten richtet, können sogar eher "beschränkte" Männer besser dienen als die, die weise oder schlau genannt werden und meistens am Ende dem Clan nur schaden.

Die von niederem Ansehen in den ländlichen Gegenden halten respektvollen Abstand von den Clan-Ministern und älteren Ratgebern und verehren diese, als wären sie von göttlichen, okkulten Kräften besessen, während man, einmal mit ihnen vertraut, bei ein, zwei Gesprächen herausfindet, dass sie sich nicht von gewöhnlichen Menschen unterscheiden, bis auf ihre ständige Sorge um die Angelegenheiten des Clans. Eines Mannes Dienst für das Wohlergehen des Clans erfordert keine besondere Weisheit und kein Talent. Selbst Männer wie wir können daran denken, ein wenig dem Fürsten, dem Clan und seinen Angehörigen zu dienen, auch wenn es äußerst schwer ist, dem Fürsten wirklich nützlich zu sein.

Sich im Alter unvernünftig benehmen

Taku Mimasaka verhielt sich im Alter unvernünftig und kaltherzig gegenüber seinen Männern. Als er von einem anderen zurechtgewiesen wurde, soll er gesagt haben: "Das geschieht alles zum Nutzen von Nagato, meinem Sohn. Nach meinem Tod werden die Menschen die Dinge unter meinem Sohn viel leichter nehmen können."

Wenn der Herr nach angesehener Herrschaft kurz vor seinem Abdanken seinen Gefolgsleuten gegenüber unvernünftig handelt, dann kann sein Sohn, der die Herrschaft übernimmt, schnell die Ergebenheit der Gefolgsleute gewinnen. Das ist eine geheime Formel, die aus alten Zeiten übermittelt wurde.

Erkenne die Natur der anderen

Um Dinge zu klären, sollte man die Natur des anderen schnell verstehen und entsprechend handeln.

Bei einem streitenden Mann von starkem Willen muß man bedächtig nachgeben und des anderen Vernunft gewinnen, ohne harsch zu klingen und Raum für Ärger zu hinterlassen. So sollten Geist und Worte arbeiten, um Dispute auszuräumen. Ein bestimmter Mann, der von einem Mönch so ermahnt worden war, zitierte ihn in diesem Sinne.

Die drei Prinzipien des Gefolgsdienstes

Die tiefe Grundlage des Gefolgsdienstes eines Samurai ist im allgemeinen, sein Leben dem Fürsten anzubieten.

Der Samurai muß zuerst in sich selbst Weisheit, Güte und Tapferkeit pflegen. Für einen Laien mag es unmöglich erscheinen, diese drei Tugenden gemeinsam zu besitzen, doch es ist leicht. Weisheit, unermeßlich reiche Weisheit, kann erlangt werden, indem man andere um Rat fragt; Güte entsteht aus der Arbeit zum Wohle anderer, indem man mehr an andere als an sich selbst denkt; Tapferkeit heißt, die Zähne zu blecken und mißliche Lagen unter den Füßen zu zermalmen, ohne klug über die Konsequenzen nachzudenken. Ich kenne keinen besseren Rat als diesen.

Die wichtigen Punkte in den Augen anderer sind die Erscheinung, die Art zu sprechen und die Handschrift - tägliche Angelegenheiten, die durch tägliche Übung verfeinert werden können. Allgemein gesprochen, bemühe dich, ruhig und tatkräftig zu sein. Nachdem du solche Eigenschaften erlangt hast, studiere die Geschichte des Clans und seine Traditionen und danach zum Zeitvertreib einige seiner Errungenschaften.

Alles in allem ist der Gefolgsdienst nicht schwierig; wer als nur ein bißchen nützlich angesehen werden will, denkt nur an diese drei Prinzipien.

Wie man dem Fürsten hilft

Man sollte seinen ruhigen und heiteren Herren durch und durch preisen und zusehen, dass er seine Pflicht ohne Fehler versehen kann – mit Weitblick für die Kultivierung seines positiven Charakters. Wenn der Herr aber tapfer und scharfsinnig ist, muß der wahre Gefolgsmann so handeln, dass er vom Herr als ihm überlegen angesehen wird. Der Herr wird stets innehalten und sich fragen, was der Gefolgsmann von seinen Ideen hält, bevor er sie in die Tat umsetzt.

Ohne solch einen Gefolgsmann würde der Fürst annehmen, dass der Clan nur aus Schmeichlern besteht, die sich bei ihm lieb Kind machen wollen, und würde so von Selbsttäuschung verzehrt, die jeglichen Versuch einer besseren Verwaltung in Stücke zerbräche.

Männer wie Kyuma und Kichiemon waren in diesen Punkten sehr vorsichtig und wurden von ihren Fürsten geschätzt. Kichiemon, so sagt man, wurde von den Fürsten zu bestimmten Problemen sogar während seiner Krankheit und in seinem Ruhestand befragt, eine ganz besondere Anerkennung.

Männer wetteifern nicht um dieses Ziel, weil sie von dessen Unmöglichkeit überzeugt sind. Nach meiner eigenen Erfahrung jedoch ist es tatsächlich möglich, nach zehn Jahren langer Plackerei zu einer solchen Position zu gelangen. Wer keinen Versuch unternimmt, der einzige geschätzte Mann im ganzen Clan zu werden, so wie Nobukata und Takatomo, ist ein Angsthase.

Wenn ein Mann aber die Dinge nur ein bißchen zu weit treibt und von seinem Fürsten gemieden wird, ist sein Dienst fruchtlos. Die meisten Menschen sind sich dessen nicht bewußt. Man muß den Fürsten schrittweise zur Vernunft bringen.

Äussere nicht ein einziges Wort gegen den Fürsten

Ein Gefolgsmann, der herausgefunden hatte, dass Fürst Mitsushige die heiligen Familiengedenktafeln aus der Gautama-Halle entfernt hatte, fragte mich, ob der Fürst dafür zurechtgewiesen werden müßte. Ich riet ihm mit den Worten ab: "Du hast alles Recht, den Fürsten zurechtzuweisen. Niemand sonst könnte diese Tat des Fürsten bemerkt haben. Dennoch ist es unnötig, ihn zu belehren. Wenn der Fürst deine Eingabe annimmt und die Gedenktafeln in die Halle zurückbringt, wo sie hingehören, wird dein Ruf sich verbessern, wenn das bekannt wird. Lehnt der Fürst aber deinen Einwand ab, werden die Menschen schlecht vom Fürsten sprechen, während du einen noch besseren Ruf als treuer Gefolgsmann genießen magst. Es ist jedoch für einen Gefolgsmann nur angemessen, die Schuld für seines Fürsten Fehler auf seine eigenen Schultern zu nehmen. Wenn alles so bleibt, wie es ist, bemerkt niemand etwas und nichts Besonderes wird passieren. Bei einer passenden Gelegenheit wirst du vielleicht einen Weg finden, den Fürsten die Familiengedenktafeln in die Halle zurückbringen zu lassen, ohne dass die Menschen daraus eine große Sache machen."

Jede Nachricht von einem Fehler des Fürsten kann leicht verbreitet werden. Man muß geduldig auf den besten Augenblick warten, um die Irrtümer des Fürsten auszubügeln. Generell werden Fehler und Laster arglos Menschen im vertrauten Kreis offengelegt. Man sollte aber nie ein einziges Wort gegen seinen Fürsten äußern. Man neigt dazu, es für sicher zu halten, seinen Eltern, Kindern, Brüdern und engen Freunden die Fehler des Fürsten "streng vertraulich" zu berichten, sieht dann aber diese Nachrichten wie ein wildes Feuer im eigenen Clan, in den Nachbarprovinzen und schließlich im ganzen Land sich verbreiten.

Diener und sogar Familienangehörige können den Herrn des Hauses offen mißachten, wenn sie nicht angemessen behandelt werden. Im eigenen Familienkreis und vertrauten Gruppen sollte man seine Lippen versiegeln.

Leidenschaftliche Hingabe in jedem Moment

Es gibt nichts Wichtigeres als die leidenschaftliche Hingabe in einem gegebenen Augenblick. Das Leben besteht aus dieser Glut, die immer wiederholt wird. Der Geist eines Mannes, der zu dieser Wahrheit erwacht ist, wird weder von irgendwelchen anderen drückenden Belastungen noch von Wünschen besetzt. Er muß sein Leben nur auf leidenschaftliche Hingabe ausrichten.

Dennoch ist niemand in der Lage, diese Wahrheit zu verwirklichen; niemand hört auf, nach anderen wichtig aussehenden Dingen des Lebens zu suchen.

Leidenschaftliche Hingabe immer mit sich zu tragen und schließlich von der Verblendung befreit zu werden, dauert viele Jahre. Einmal erwacht, muß man nicht immer bewußt an konzentrierte Anstrengung denken. Die leidenschaftliche Hingabe in jedem Augenblick kann, wenn gründlich verwirklicht, einen Mann klar über der täglichen Verwirrung durch Lappalien stehen lassen. Loyalität ist in dieser leidenschaftlichen Hingabe enthalten.

Der Trend der Zeiten

Der Trend der Zeiten kann nicht geändert werden. Die Gesellschaft wird nach und nach korrupter und nähert sich dem Untergang – das ist die Natur der Dinge.

Auch ein Jahr umfaßt verschiedene Jahreszeiten, nicht nur Frühling und Sommer die ganze Zeit; das gleiche gilt für einen Tag, der jeden Moment sein Gesicht ändert. Jeder Versuch, die gegenwärtige Gesellschaft zu einer zu machen, die vor 100 Jahren existierte, muß fehlschlagen. Darum sollten wir uns, dem immer wechselnden Trend der Zeiten gemäß, ständig zu verbessern suchen. Menschen, die nur nostalgisch die Vergangenheit betrachten, liegen falsch, weil sie diesen springenden Punkt nicht verstehen. Auf der anderen Seite sind diejenigen abergläubisch und unvernünftig, die von den gegenwärtigen Trends eine hohe Meinung haben und alte Sitten vernachlässigen.

Kehre zu den Grundlagen zurück

Wenn jemand seine Genialität strapaziert oder hart trainiert, um als Gefolgsmann besser zu dienen, fliegt seine Meinung oft so hoch, dass er die tiefen Grundlagen des Gefolgsdienstes vergißt. Über nichts Unwesentliches nachzudenken, unauffällig zu handeln, ernsthaft an den Fürsten zu denken und den Gefolgsdienst zu lieben ist alles, was von einem Gefolgsmann verlangt wird.

Man sollte besser zum grundlegenden Prinzip des Gefolgsdienstes zurückkehren. Das heißt nicht, dass jemand von Beginn an nach diesem Prinzip handeln müsse. Nur wenn sich jemand in seinem Gefolgsdienst wirklich gründlich übte, sollte er wegwerfen, was er bis dahin erreicht hat, und zu den Grundlagen zurückkehren.

Zögere nicht, den Fürsten um finanzielle Hilfe zu bitten

Während meines abgelaufenen Dienstes beunruhigte mich keinerlei Gedanke an meine angespannte finanzielle Lage. Wenn meine Familie ohne Essen wäre, so dachte ich, könnte ich das Gefolge des Fürsten oder ihn selbst um Geld bitten, wie es schon Ezoe Hyobuzaemon getan hatte.

Vor Jahren, als ich nach Kyoto aufbrechen mußte, um meinen offiziellen Dienst dort anzutreten, bat ich die älteren Ratsmitglieder um finanzielle Unterstützung: "Mein Haushaltsbudget ist wegen meines langen Aufenthaltes in Kyoto arg strapaziert. Ich würde einen rücksichtsvollen Umgang damit sehr schätzen, denn wenn meine Schuld irgendwie unbeglichen zurückbliebe, würde das sogar den ehrwürdigen Namen unseres Clans beflecken. Die Schulden rühren nicht von meiner Selbstsucht her; sie stammen von meinem offiziellen Aufenthalt in Kyoto." Die Ratsmitglieder berichteten das dem Fürsten, der mir großzügig eine bestimmte Summe Geld gewährte.

Bei einer anderen Gelegenheit, bei der ich im Gefolgsdienst unter medizinischer Betreuung stand, verschrieb mir der Arzt Ginseng. Als Moro'oka Hikouemon Wind von meinen strapazierten Finanzen bekam, die kein Ginseng zuließen, sagte er zu mir: "Wir werden dir soviel Ginseng besorgen, wie du brauchst. Bitte zögere nicht, es zu benutzen." So erhielt ich ohne Vorbehalt den Ginseng. "Du hast eine wichtige Position, um dem Fürsten beharrlich bei der Erfüllung seiner Verantwortung zu helfen", sagte er, "wie groß dein Bedarf an Medizin wie Ginseng auch sein mag, wir werden dich stets weiter um deinen Rat ersuchen."

Wenn der Gefolgsmann alles dem Fürsten überlassen hat, muß er sich um seine eigenen Angelegenheiten nicht sorgen. Ein gedankenloses Zeigen von Vorbehalten dagegen erschwert die Dinge.

LASS DICH NICHT VON HINTEN ERSCHLAGEN

Bei einer bestimmten Schlacht sah es schlecht für die Armee von Fürst Ieyasu aus. Später redeten die Menschen angeblich über seinen Rückzug mit Bewunderung: "Ieyasu ist ein großer Befehlshaber von unschätzbarer Tapferkeit. Nicht einer seiner

Samurai, die in der ungleichen Schlacht fielen, wurde mit einem dem Feind zugewandten Rücken aufgefunden." Die geistige Einstellung dieser Samurai offenbarte sich sogar noch nach ihrem Tod; das läßt unsere Einstellung heute schändlich erscheinen.

Liebe in ihrer höchsten Form

Die höchste Form der Liebe liegt darin, die brennende Liebe für sich zu behalten und nicht einmal der geliebten Person sein Herz zu öffnen.

Empfange, wenn mein Leben vorüber ist,
Meine verzehrende Liebe für dich
Aus dem Rauch, der von meinem brennenden Körper aufsteigt.

Die Liebe, die einer Geliebten offenbart wird, wenn man noch lebt, ist nicht tief; mit der geheimgehaltenen Liebe zu sterben ist die höchste Form der Liebe. Selbst wenn man von dem Menschen, den man liebt, gefragt wird, ob das der Fall ist, ist es entscheidend, gleich zu antworten: "Das ist das letzte, was ich mir vorstellen kann." Was für einen komplizierten Weg die wahrste Liebe doch gehen muß!

Als ich das kürzlich diskutierte, stimmten einige Männer mit mir überein, und wir wurden die "Rauch-Gruppe" genannt. Diese Philosophie der Liebe paßt auf alles. Sie verdeutlicht zum Beispiel die Beziehung zwischen Fürst und Gefolgsmann. Und die Selbst-Kontrolle beim Alleinsein entspricht der Zurückhaltung bei offiziellen Anlässen. Solange jemand nicht davon Abstand nimmt, in der Einsamkeit schmachvoll zu handeln oder über niedere Dinge heimlich tief in seinem Herzen nachzudenken, kann er nicht rein und klar erscheinen.

Diese leere Welt

(Diktiert auf einem Spaziergang) Ich habe erkannt, was ein hervorragend entworfener Marionetten-Mann ist. Auch ohne Fäden kann er stolzieren, springen, hüpfen und sogar sprechen, eine sorgfältig entworfene Puppe! Wer weiß? Zur *Bon*-Saison im nächsten Jahr bin ich vielleicht ein neuer Toter, der zum *Bon*-Fest[1] eingeladen wird. Was für eine vergängliche Welt! Diese Wahrheit entschlüpft doch dauernd unserem Bewußtsein.

Jeder Moment ist entscheidend

(Wie von Yamamoto Tsunetomo seinem Adoptivsohn Gonnojo erzählt) Der gegenwärtige Augenblick kann wohl der entscheidende sein; der entscheidende Moment kann genau jetzt sein. Menschen, die diese Momente für getrennte Dinge halten, können im Augenblick des Notfalls nicht bereit sein. Wenn ein Mann genau jetzt zu seinem Fürsten gerufen und angewiesen würde, seine Gedanken zu einem bestimmten Sachverhalt zu äußern, würde er höchstwahrscheinlich keine prompte Antwort wissen. Dies bezeugt, dass die Einstellung gegenüber dem entscheidenden Augenblick anders ist als die zu den gewöhnlichen Stunden.

Diese verschiedenen Momente für ein und dasselbe zu halten, erfordert tägliches Üben als Gefolgsmann während der Freizeit, um in der Lage zu sein, Dinge explizit zu erklären, wenn man vor das Shogunat oder den Shogun selbst zitiert wird, vor den Lehensfürsten oder ältere Ratsmitglieder des Clans. Und das, selbst wenn man sicher weiß, dass der eigene niedere Rang im

---

[1] Auch als *Urabon-e* bekannt. Es dauert eine Woche mit dem 15. Juli als zentralem Tag, der *Chunichi* genannt wird. Beim *Bon*-Fest werden die Seelen der Vorfahren eingeladen und beruhigt.

ganzen Leben niemals die Möglichkeit bieten wird, in der Gegenwart des Fürsten zu sprechen.

Diese Haltung paßt zu allem – ob du auf dem Schlachtfeld bist oder im bürgerlichen Dienst. Sei also entsprechend umsichtig. Wenn wir dies soweit analysieren, wie sehr müssen wir da erkennen, dass wir ständig unaufmerksam sind!

Sei vorbereitet auf den Tod

Reiche und Arme, Junge und Alte, Erwachte und Verblendete – alle müssen sterben; der Tod kommt zu jedem von uns. Jeder macht sich glauben, auch wenn er diese Wahrheit kennt, er sei der letzte, der sterben müßte, nachdem alle anderen diesem unausweichlichen Schicksal begegnet wären - ohne einen Gedanken an den nahenden Tod, der jeden Moment an seine Tür klopfen kann. Eine kurzlebige Aussicht!

Wenn es irgendeine geheime Formel im Umgang mit dem sicheren Tod gibt, liegt sie in der Vorstellung, dass nichts, was man tut, den Tod vermeiden kann, dass das eigene Leben nichts als ein leerer Traum ist. Hast du das begriffen, sei niemals unaufmerksam gegenüber dem Schatten des Todes, der dicht um deine Füße herumschleicht. Erspare dir keine Mühe, früh darauf vorbereitet zu sein.

Ermutigung ist besser als Sympathie

Wenn einer gedankenlos Worte des Mitleids anbietet wie "tut mir leid, das zu hören", und zwar jemandem, der aufgrund eines unerwarteten Unglücks seine Geistesgegenwart verloren hat, wird der Leidende nur noch niedergeschlagener und unfähig, vernünftig zu denken. In solch einem Fall sollte man besser des anderen Aufmerksamkeit ablenken, indem man ihn tröstet: "Du hast Glück. Das hätte schlimmer kommen können!" oder mit ähnlichen Worten, so als wäre nichts Schlimmes geschehen. Wenn er sich an solche Ermutigung klammert, kann der Leidende sich bestimmt erholen und die Dinge wieder in einem vernünftigen Licht sehen. In dieser ungewissen Welt muß man nicht lange andauernde Sorge oder Freude hegen.

Ein Gefolgsmann, der die Dinge zu sehr durchschaut

"Ein Gefolgsmann, der die Dinge zu sehr durchschaut, ist nicht wünschenswert", sagte Yamazaki Kurando. Das ist ein weiser Ausspruch, weil es einem Gefolgsmann am besten ansteht, sich ganz seinem offiziellen Dienst zu widmen. Sonst würde er es für richtig halten, ständig das Für und Wider von Angelegenheiten zu hinterfragen, die Vergänglichkeit der Welt zu spüren, das Leben eines Einsiedlers zu imitieren, sich selbst als inmitten einer verrotteten Gesellschaft oder problembeladenen Stadt lebend sehen, Buddhismus studieren, um sich selbst von der ewigen Sorge um Leben und Tod zu befreien, mit Poesie und Musik spielen, sich in eleganten Verrichtungen ergehen und so fort.

Solch ein Weg ist für den eigenen Frieden und die reine Seele gedacht und für einen Samurai im Ruhestand oder einen Einsiedler vertretbar, jedoch für einen Gefolgsmann im aktiven Dienst tabu. Gefolgsleute, die einem solchen Weg folgen, sind feige, weil sie ein sorgenfreies Leben dem mit Ärger bepackten Dienst des Gefolgsmannes vorziehen.

Schau dir ungebildete Analphabeten an, die ihren Herren leidenschaftlich und ohne Umschweife dienen oder danach streben, ihre Familien zu erziehen. Sie können alle Tage ein bewundernswertes Leben führen. Wer trotz seines Gefolgsdienstes Zen übt, seinen Geist Poesie und Musik zuwendet, sich mit eleganten Dingen umgibt und in merkwürdige Kleidung hüllt, vergeudet oft sein Familienvermögen, erleidet Armut und kann sich weder als Laie noch als Mönch ausweisen, weder als Hofadliger noch als Einsiedler. Ein unziemlicher Anblick.

Manche meinen, Zerstreuungen während der Freizeit und nach den Dienstzeiten seien erlaubt. Sie mögen tatsächlich den eigentlichen Dienst nicht behindern. Wenn aber der Geist gänzlich von diesem Dienst angefüllt ist, bleibt kein Raum für solchen Zeitvertreib. Jede Zeit, die man vergeuden kann, bedeutet eines ganz sicher: Ein Mann geht nicht wirklich in seinem Dienst auf.
Die Worte eines kampferfahrenen Samurai haben hier großes Gewicht. Als Yamazaki Kurando den Posten eines alten Ratsmitglieds innehatte, erfreuten sich viele Gefolgsleute des Fürstenpalastes am Verfassen von Haiku, nur er nahm nicht ein einziges Mal an ihrer Haiku-Gruppe teil und sagte gewöhnlich, bevor er zu Bett ging: "Meine Herren, genießen sie nun Haiku, da ihr Dienst für heute beendet ist." Seinen Worten folgend, verbrachte er selbst erst im Ruhestand Stunden mit dem Dichten von Haiku.

Die Beziehungen zwischen Fürst und Gefolgsmann sind wie Liebe

Als Gefolgsmann muß man nur eines denken. Intellekt und andere Errungenschaften sind schwer zu erlangen und können einen davon abhalten, ruhig und heiter zu bleiben. Ein spezielles Talent, dessenthalben jemand in den Dienst aufgenommen wird, degradiert einen Mann.

Einer, der weder mit besonderem Intellekt noch Talent oder gutem Aussehen beschenkt ist und darum unfähig, sich seinem Fürsten nützlich zu machen, und verdammt, im Hinterland in Vergessenheit zu geraten, sollte sich selbst für den einzig wahren Gefolgsmann seines Clans halten, sich nicht darum kümmern, ob er von seinem Fürsten aufmerksam oder gedankenlos behandelt wird, oder ob der Fürst seinen Namen überhaupt kennt. Er sollte vielmehr Tag und Nacht die grenzenlose Verpflichtung seinem gütigen Fürsten gegenüber in seinen Knochen spüren und den Fürsten im Herzen bewahren.

Das ist für jeden leicht zu vollbringen; niemand ist unfähig, das zu tun, noch sollte jemand von solchem Denken ausgeschlossen werden. Männer mit solchem Lebenssinn sind allerdings sehr selten. Alles hängt von jemandes Denken ab. Ein Gefolgsmann, der diese Philosophie lebt, ist ein herausragender Vasall. Dieses Gefühl gegenüber dem Fürsten kann gut mit Liebe verglichen werden. Je unglücklicher und bitterer sich jemand fühlt, desto mehr wächst sein Verlangen. Sollte jemand seinen Geliebten nach langer Zeit einmal treffen, würde er nicht zögern, sein Leben für ihn zu opfern. Die Liebe, die man für sich behält, ist ein gutes Beispiel: Tiefe Liebe besteht darin, die geheime Liebe nicht zu offenbaren, bis man stirbt, und den Geliebten im sterbenden Herzen immer noch lieb zu haben. Wenn man von einer Lüge des Geliebten genarrt wird, erhebt sich der Geist in den Himmel und ist später, wenn die Lüge ans Licht kommt, mit um so mehr Verlangen angefüllt. Die Beziehung Fürst-Gefolgsmann ist der Liebe ähnlich, denke ich. Das ist der grundlegende Geist des Gefolgsdienstes jenseits logischen Abwägens.

Was einen Gefolgsmann am meisten bewegt

Ohne bemerkenswerte Tugend ausgestattet, habe ich weder Besonderes auf meiner Laufbahn als Gefolgsmann erreicht, noch auf einem Schlachtfeld gekämpft. Doch hat niemand auf mich herabgeschaut, selbst wenn er ein Mann höchster Intelligenz oder Nützlichkeit war. Das lag wohl an meiner unerschütterlichen Überzeugung, die ich seit meiner Jugend hatte, dass ich von allen Gefolgsleuten der allerbeste für meinen Fürsten wäre, unerreicht in meiner Tapferkeit. Männer haben mich sogar rücksichtsvoll behandelt, was meiner Meinung nach mehr war, als ich verdiente.

Mein Geist, der den Fürsten für wertvoller hielt als mein Leben, war bereit, berserkerhaft für meinen Fürsten zu kämpfen, komme, was wolle. Ich habe bisher nicht gewagt zu sagen, dass wohl meine starke Hingabe, die Himmel und Erde bewegen konnte, viel Beachtung von anderen erntete. Ich bin in Dankbarkeit überwältigt von der Beachtung, die mir der Prinz des Fürsten und andere Würdenträger schenkten. Ob ein Erbvasall im aktiven Dienst ist oder nicht, macht keinen Unterschied in seiner Zuneigung zum Fürsten, doch wenn er ihm dient, muß er etwas Besonderes bedenken. Wenn auch eine Gehaltserhöhung und ein hoher Geldbetrag durch den Fürsten immer geschätzt werden, sind doch ein paar seiner freundlichen Worte wertvoller, die ausreichen, den Gefolgsmann nach des Fürsten Tod tief bewegt *seppuku* begehen zu lassen.

Als die Gefolgsleute des Edo-Gutes Kontrollposten unter Beschuß nehmen sollten, wurde ich mit der Verwaltung der Dokumente beauftragt. Mein Fürst jedoch befahl mir, ihn für den Fall eines Angriffes zu begleiten, weil "er ein fähiger junger Mann ist", wodurch mein Geist augenblicklich entschlossen war, mein Leben für meinen Fürsten hinzugeben.

Bei anderer Gelegenheit schenkte mir mein Fürst in Osaka sein Nachtgewand und Bettzeug mit den Worten: "Weil ich mich mit einer Gehaltserhöhung dafür zurückhalten muß, dass ich dich in meiner Freizeit ausnutzte, nimm dies als Geschenk meines Herzens. Du mußt den älteren Ratsmitgliedern, die dafür zuständig sind, nicht dafür danken." Seine gütigen Worte überfluteten mich mit solchem Glück, dass ich dachte, ich würde meinem Fürsten bereitwillig, auf der zugeteilten Bettwäsche sitzend und mit dem Nachtgewand bedeckt, durch *seppuku* in eine andere Welt folgen, wenn dies nicht untersagt wäre.

Wie man einen Streit beilegt

Bevor man eine Angelegenheit bei einer Konferenz bespricht, sollte der Vorsitzende erst den Fall im Detail mit dem besprechen, der direkt darin verwickelt ist. Danach sollte er auf der Konferenz Meinungen anderer Anwesender hören und eine Entscheidung treffen. Sonst fühlt sich noch jemand verletzt.

Es ist ebenfalls ratsam, bei Angelegenheiten, die ernsthafte Beratung erfordern, diejenigen, die nicht darin verwickelt sind oder die außerhalb der gewöhnlichen Masse stehen, privat um ihren Kommentar zu bitten. Da sie der Sache unvoreingenommen gegenüberstehen, können sie diese vernünftig analysieren. Mitglieder der eigenen Gruppe neigen auf Nachfrage dazu, zugunsten des eigenen Mannes Stellung zu beziehen. Solche Kommentare sind dann natürlich von keinem Nutzen.

Götter und Unreinheit

Man sagt von Göttern, sie würden Unreinheit hassen, doch ich bete jeden Tag zu ihnen aus ein wenig Eigennutz. Ich war ihnen gegenüber lange fromm, betete für mein Glück auf dem Schlachtfeld, auf dem ich kämpfen sollte, blutverschmiert und über Reihen toter Körper hinwegsteigend. Wenn die Götter nun wegschauen, weil sie meine Unreinheit verabscheuen, muß ich nehmen, was kommen mag. Mit diesem Schicksal verbeuge ich mich vor den Göttern, egal, ob ich rein bin oder nicht.

Das kurze Leben eines Mannes

Das Leben eines Mannes ist nur ein aufblitzender Moment; ein Mann sollte sein Leben mit dem verbringen, was er will. In diesem kurzen Leben wäre es idiotisch, sich als Mann zu etwas zwingen zu lassen, was man nicht mag, und so sein Dasein leidend zu verbringen.

Wenn dieser Gedanke natürlich falsch ausgelegt wird, ist er schädlich. Darum habe ich ihn für mich behalten und nie jungen Männern verraten.

Ich mag meine Nickerchen. Ich denke daran, stilvoll gemäß meinen gegenwärtigen Umständen nur noch im Haus zu bleiben und mich am Schlaf zu erfreuen.

Die Erscheinung

Die Erscheinung eines Menschen zeigt seine Würde als Ausdruck der Tiefe seines Charakters. Seine konzentrierte Anstrengung, heitere Einstellung, schweigsame Pose, höfliche Veranlagung, freundliche Haltung, gebleckten Zähne und sein stechender Blick – all das zeigt Würde. Solche äußere Erscheinung rührt von ständiger Aufmerksamkeit und Ernsthaftigkeit her.

Ein niedrig Geborener in hoher Position

"Einige beharren darauf", sagte Kazuma, "dass alte Utensilien eine Teezeremonie beschmutzen; neue Utensilien sind würdevoller." Es gibt auch Männer, die alte Utensilien für selten halten und sie darum schätzen. Sie alle gehen fehl.

Das alte Utensil, das von den niederen Klassen benutzt wurde, hatte soviel Würde, dass es in die Hände einer hochstehenden Person gelang. Seine natürliche Tugend und Würde gewannen hohe Wertschätzung. Dasselbe gilt für den Gefolgsmann: Ein Mann von niederer Herkunft, der nun eine wichtige Position hält, gab Anlaß für eine Beförderung – seine Tugend war seinen Aufstieg wert. Wenn andere also nicht mit einem Menschen einfacher Herkunft zusammenarbeiten wollen oder sich zu erniedrigt fühlen, unter einem Mann zu dienen, der bis vor kurzem nur Fußsoldat war, sind sie unverzeihlich fehlgeleitet. Wenn der niedrig Geborene, der eine vornehme Position erlangt hat, mit mehr Tugend beschenkt ist als derjenige, der schon in diesen Stand hineingeboren wurde, muß der erstgenannte der respektiertere sein.

Respektvolle Distanz

Ein Samurai muß bedenken, dass Fürst, Minister oder ältere Ratsmitglieder ihn auf respektvolle Distanz halten müssen, damit er etwas Großes unternehmen kann. Wenn diese Menschen sich in seiner Gegenwart gänzlich locker machen und ihn als Klette behandeln, wird es schwer für ihn, ein großes Unterfangen zu bestehen.

Persönliche Bevorzugung durch den Vorgesetzten

Nach persönlicher Begünstigung durch den eigenen Vorgesetzten mittels Beziehungen zu streben, schadet dem Charakter. Ein Mann, der durch persönliche Beziehungen und Vergünstigungen gestützt wird, kann nicht seine eigene Meinung äußern. Trotz seines jahrelangen, hartumkämpften Dienstes wird man von ihm verächtlich sagen, er habe besondere Vorzüge wegen seiner persönlichen Bindung zum Vorgesetzten genossen. Das macht seinen ganzen Dienst zunichte.

Halte deinen Mund

Achte darauf, keine Bemerkungen zu machen, die Widerstand im Zusammenhang mit gegenwärtigen Angelegenheiten hervorrufen. Wenn es Komplikationen gibt, neigen die Menschen zur Aufregung und reden unbewußt von nichts anderem. Solche Bemerkungen, nach denen niemand verlangt hat, können im schlimmsten Fall den sorglosen Sprecher, der seine Zunge nicht im Zaum hält, das Leben kosten. Selbst in milderen Fällen können die Anmerkungen andere mit tief verwurzeltem Groll gegen ihn aufbringen. Um solche Fehltritte zu vermeiden, sollte man in seinem Quartier bleiben und einen Tag mit dem Verfassen von Gedichten oder ähnlichem verbringen.

Kümmere dich nicht um das Gut anderer

(Wie von Yamamoto Tsunetomo seinem Adoptivsohn Gonnojo erzählt) Junge Menschen zeigen heutzutage einen Hang zur Verweiblichung. Gutmütige, liebenswürdige, leutselige oder freundliche Menschen werden gern als wertvolle Männer bezeichnet. Diese Ansicht hält sie davon ab, bei jeder Unternehmung aggressiv und unerschrocken zu sein.

Mir scheint, als würden manche Menschen so stark an ihr Gut denken, dass ihr Denken ganz auf dessen Erhalt fixiert ist, während ihr Geist den Schwierigkeiten ausweicht. Du magst es, als mein Adoptivsohn, für unverzeihlich halten, das unserem Haus zugeteilte Gehalt zu ruinieren, das nicht durch deine eigene Anstrengung, sondern durch Mühe und Leid deines Schwiegervaters zusammenkam. Solch ein Gedanke ist nicht besser als die gewöhnliche Art des Denkens der anderen.

Meine Idee dazu ist eine völlig andere; während all der Jahre meines Gefolgsdienstes tauchte nie der Gedanke an mein Gut auf. Da der Lohn letztlich dem Fürsten gehört, müssen wir damit nicht knausern, als wäre er uns. Ich werde sogar mit dem Entzug des Lohnes zufrieden sein, wenn ich noch lebe, oder mit *seppuku*; das schlimmste Ende, das einen Gefolgsmann erwartet, ist eines dieser beiden.

Natürlich ist es demütigend zu sehen, wie Menschen ein Gut durch schändliche Taten ruinieren, z.B. *Bushido* vernachlässigen, sich ihres Gefolgsnamens als unwürdig erweisen, beim Gefolgsdienst wegen selbstsüchtiger Interessen versagen und andere in viele Schwierigkeiten stürzen. Wenn ein solches Gut verfällt, muß man sich darüber freuen. Hat man es so weit gebracht, strotzt man nur so vor Tapferkeit und Aggressivität und kann alles erreichen.

Jemanden besuchen

Ehe man jemanden zu einem kleinen Plausch aufsucht, sollte man den anderen über den geplanten Besuch informieren. Sonst könnte man den Gastgeber besorgt und in ungewöhnlichen Schwierigkeiten vorfinden – was das Vergnügen des Besuchers zunichte macht.

Im allgemeinen ist es besser, einen anderen nur zu besuchen, wenn man eingeladen wurde, denn ein echter Freund ist eine Seltenheit. Selbst wenn man eingeladen wurde, kann ein Besuch in einem deprimierenden und unerfreulichen Treffen enden. Zu oft erlauben zufällige Treffen keine ruhigen Gespräche von Herz zu Herz. Auch aus Treffen zum Zeitvertreib entstehen oft Fehler. Aber selbst wenn man von Unglück und Sorge betroffen ist, sollte man nicht versäumen, Besucher zu empfangen.

Sei nicht sprachlos

... Wenn jemand, ob betrunken oder einfach nur Unsinn redend, in deiner Gegenwart eine rüde Bemerkung macht, über die du nicht hinweggehen kannst, ist es ratsam, dass du ihm mit ein paar Worten antwortest, um die Situation zu bereinigen. Ein Mann, dessen Geist schnell in Wut entbrennt, ist zu ungeduldig, um mit einer passenden Bemerkung augenblicklich zu kontern, fühlt sich in die Ecke gedrängt und zieht sein Schwert; ein dummer Anblick. Wenn jemand ein Narr genannt wird, sollte er den anderen Idiot nennen.

Hätte Shobei die gespannte Atmosphäre gelockert, als er bei einem Trinkgelage verächtlich gemacht wurde, hätte es kein Problem der Scham gegeben, noch wären die beiden Streithähne von Wut übermannt worden. Shobei hätte sagen können: "So sehr ich deinen freundlichen Einwurf auch schätze, ich würde ihn lieber privat hören. In Gegenwart zahlreicher Menschen könnte dein Rat klingen, als würde er mich herabsetzen. Zudem könntest auch du wegen etwas kritisiert werden, wenn ich deinen verächtlichen Bemerkungen lauschen muß. Schließlich ist die eigene Logik, wenn man betrunken ist, oft zerstreut. Darum will ich dir gern zuhören und deinen Rat befolgen, wenn du nüchtern bist. Und nun, nimm ein wenig mehr Saké." Wenn die andere Partei immer noch unvernünftig argumentiert, kann man mit angemessenen Erwiderungen reagieren. Es bleibt anzumerken, dass es einem Trunkenbold schwer fällt, einen Mann von Überzeugung zu einem Disput herauszufordern.

Vor einigen Jahren nannte ein Mann einen anderen ein "Kreuz" (an dem ein gewöhnlicher Krimineller hingerichtet werden sollte), während sie Dienst in der Burg taten, was des anderen Wut unabwendbar herausforderte. Der wütende Mann brach zum Haus des Beleidigers auf, um ihn zu töten, als Gorozaemon und Narutomi Kurando, die Nachtdienst in der Burg hatten, den Beleidiger mitten in der Nacht zur Burg kommen ließen, damit er sich bei dem Beleidigten entschuldigte. So bereinigten sie die Sache im stillen.

Wenn in diesem Beispiel der Beleidigte auf der Stelle geantwortet hätte: "Du bist ein 'Pfahl' (an dem ein Krimineller lebendig verbrannt wurde)!" wäre nichts Ernsthaftes passiert. Immer stumm zu bleiben ist feige. Der Effekt angemessener Worte an Ort und Stelle muß im eigenen Geist wohl erwogen werden.

Selbstsüchtige Wünsche beim Einspruch

Shogen sagte: "Eigensüchtige Wünsche sind im Wort *kan* beinhaltet - offener Protest gegen den Fürsten. Solcher Protest sollte im Gefolgsdienst nicht erhoben werden." Niemand weiß, ob er je seinen Fürsten ermahnt hat; noch hat er je wirklich durch reine Logik seinen Fürsten überzeugt. Er hat seinen Fürsten immer im stillen überzeugt.

Der alte Großvater von Kazuma hatte nie um eine Audienz ersucht, um Protest gegen seinen Fürsten anzumelden; meist ergriff er eine günstige Gelegenheit, den Fürsten privat zu beraten, wobei seine Worte gern angenommen wurden. Weil niemand davon wußte, traten die Fehler des Fürsten nie zutage.

Den Fürsten durch schiere Logik zu überzeugen ist unloyal, weil die Absicht dahintersteht, mit der "Loyalität" als Gefolgsmann hausieren zu gehen und den Namen des Fürsten zu besudeln. Wenn der Fürst dem Protest nicht folgt, wird sein Name noch mehr befleckt, des Gefolgsmannes "Loyalität" jedoch publik. Das ist schlimmer, als überhaupt nicht zu protestieren. Wenn der eigene Rat, privat dem Fürsten mitgeteilt, nicht auf dessen sofortige Zustimmung trifft, sollte der Gefolgsmann ernstlich sein Hirn zermartern, um andere effektive Wege zu finden, die Zustimmung seines Fürsten zu erlangen.

Der Fürst wird am Ende sicher dem wiederholten Ratschlag beipflichten. Sollte er ständig den Rat ablehnen und mit seinen Übeltaten fortfahren, muß der Gefolgsmann noch stärker zu seinem Fürsten stehen, um dessen Fehler vor dem Bekanntwerden in der Öffentlichkeit zu schützen.

Haste nicht durchs Leben

Jeder versagt manchmal aufgrund seiner Ungeduld bei einem großen Unterfangen. Denke immer: "Die Zeit ist noch nicht gekommen", und du kannst sehen, wie sich deine glühenden Wünsche viel früher als erwartet materialisieren, das heißt, in gebührender Zeit. Stell dir vor, wie die Dinge in 15 Jahren aussehen werden. Die Welt mag einschneidend verändert sein, mehr noch als in Büchern beschrieben, die die Zukunft voraussagen. Keiner der nützlichen Menschen von heute mag die nächsten 15 Jahre überleben; nicht einmal die Hälfte der Jugend von heute mag dann noch leben.

In dieser allmählich sich verschlechternden Welt verlieren Menschen im Laufe der Zeit ihre Fähigkeiten, so wie Silber an die Stelle von Gold als Schatz tritt, wenn die Goldvorräte verbraucht sind, oder Kupfer vor Silber kommt, wenn alles Silber weg ist. Ständige Anstrengung - von diesem Augenblick an - kann jemanden in 15 Jahren zu einem nützlichen Mann machen, was ja nichts als ein flüchtiger Moment in einem Traum ist. Solange jemand sorgsam auf seine Gesundheit achtet, kann er vielleicht seinen lang gehegten Traum vom Dienst als nützlicher Gefolgsmann für den Fürsten wahr werden sehen. Wenn die Welt voll von herausragenden Männern ist, kann man andere schwer übertreffen, während es in einem Zeitalter, in dem alles verfällt, viel leichter ist, jemand Bedeutendes zu sein.

WIR LEBEN UND STERBEN IN DIESEM CLAN

Ein Samurai, der seines Gefolgsdienstes beraubt war, beschwerte sich bei mir: "Es ist unvernünftig, uns zu verbieten, den Clan zu verlassen, so ausgetrocknet und ohne jeden Lebensunterhalt, wie wir hier zurückgelassen wurden. Wenn uns gestattet würde, einem anderen Clan beizutreten, könnten wir vielleicht auf die eine oder andere Art überleben. So aber wird uns dieses halbtote Leben ohne Unterhalt bald zu irgendwelchen Schandtaten verleiten."

Ich antwortete: "Du solltest dankbar sein, dass du den Clan nicht verlassen darfst. Dein jetziges, anstrengendes Leben ist eine Lehrstunde durch deinen Fürsten; du bist hier geduldet, ohne deportiert zu werden, weil dein Fürst sich immer noch um dich sorgt. Kein anderer Clan genießt diese enggestrickte Beziehung zwischen Fürst und Gefolgsmann. Der Fürst denkt, wohlgemerkt, großzügig darüber nach, dich nach einer Bewährungszeit wieder einzustellen. Rede über 'Schandtaten' in ein paar Jahren, wenn sich bis dahin dein Leben nicht zum Besseren gewandt hat. Solche Worte, scheint mir, werden durch deine Entbehrungen erzeugt, die dich ungesunden Groll gegen den Fürsten hegen lassen."

Darauf murrte er: "Gefolgsleute des Saga-Clans bleiben heutzutage beinahe bis Mittag im Bett und täuschen Krankheit vor, um ihren Pflichten zu entfliehen. Eine schlampige und korrupte Sitte." Ich entgegnete: "Darin liegt die Stärke des Clans. Ein kluger Gefolgsmann, der sich taktvoll nach oben manipuliert, fühlt sich eher deprimiert, wenn er nicht belohnt wird. Trostlose Gedanken erschüttern seine Loyalität, weil in seinen Augen ernsthafter Dienst in einem anderen Clan ihm sicher eine hohe Position einbringen würde. Wir Erbvasallen von Saga sind dagegen frei von einem solch wankelmütigen Herzen; wir sind uns sicher, ohne dass man uns das gesagt hätte, in unserem Clan, einem großen Haus, geboren zu sein und dort zu sterben, und so stehen wir unbekümmert spät auf. Kann eine solche Stärke in irgendeiner anderen Provinz gefunden werden?"

Da forderte er mich so heraus: "Wenn die Gefolgsleute dieses Clans sich mit dem unerreichten Nabeshima-Kampfgeist brüsten, ist er anderen Clans überhaupt bekannt? Kein Buch, das ich gelesen habe, hätte ihn je erwähnt." Meine Antwort war: "Der wilde Kampfgeist von Nabeshima wurde genau aufgezeichnet. In der Schlacht von Shimabara[1] zum Beispiel wurden etwa 400 Männer getötet, mehr als die Zahl der Toten in einer Armee unserer Größe, als damals das Shogunat des Hojo-Clans in der historischen Schlacht von Genko fiel. Eine wahre Manifestation unseres Kampfgeistes also. Die Fürsten Taiko und Gonken waren sich unserer heroischen Herzen sehr wohl bewußt und belohnten uns verschiedentlich. Diese Fakten sind ein gutes Zeugnis gegen die Menschen, die sie leugnen."

Wenn der Samurai lange der Gefolgschaft entzogen wird, langweilt er sich, hegt Groll gegen die, die solche Entbehrung verursachen, und redet schlecht von anderen, während sein Glück sich erschöpft und seine Chance auf Wiedereinsetzung in die Gefolgschaft versiegt.

Saigyo und Kenko sind Feiglinge

Wie ich im *Gukenshu*[2] schrieb, besteht der höchste Dienst für einen Gefolgsmann darin, seinem Fürsten als Clan-Minister zu

---

[1] Christen in Shimabara und Amakusa, Kyushu, wendeten sich 1637 gegen das Verbot des Christentums. Die Nabeshima-Armee griff deren Burg Hara zusammen mit anderen Armeen unter dem Befehl des Shogunats an und hatte viele Tote zu beklagen. Im folgenden Jahr wurde der Aufstand unter Kontrolle gebracht.

[2] Das Notizbuch, in dem Yamamoto Tsunetomo im Jahre 1708 die wichtigsten Punkte beim Gefolgsdienst für seinen Adoptivsohn Kichisaburo niederschrieb.

dienen. Solange jemand diesen Punkt befolgt, sind andere Dinge von geringer Bedeutung. Tatsächlich scheint niemand diesen Gedanken zu verstehen. Schmeichler, die aus Eigennutz auf Beförderung hoffen, gibt es viele, doch sie sind von kleinmütiger Begierde getrieben, nicht von der brennenden Begeisterung, als Minister dienen zu können. Samurai mit ein bißchen Verstand, die nur halbherzig ihren Gefolgsdienst versehen, nehmen zu Büchern wie *Tsurezuregusa*[1] und *Senshoshu*[2] Zuflucht und versuchen, sich von persönlichen Interessen und Wünschen fernzuhalten. Kenko und Saigyo aber sind nicht besser als feige Drückeberger; nur weil sie nicht als wahre Samurai dienen konnten, tarnten sie sich als Einsiedler.

Diese Bücher sind nicht allesamt untauglich für Mönche und klapprige Alte, doch ein Mann muß - seinem Namen als Gefolgsmann folgend - dem Fürsten dienen und sich kopfüber in halsbrecherischen Wettbewerb um erfolgreiche Verbesserungen stürzen, ja sogar in das vom Wunsch nach Ruhm und Reichtum[3] turbulent aufgewühlte Inferno.

Die Geschichte meines Lebens

Ich wurde geboren, als mein Vater bereits 70 Jahre alt war. Er sagte stets, es würde ihm nichts ausmachen, mich einem Salz-

---

[1] Zwischen 1330 und 1332 vom Mönch Kenko geschrieben. Das meditative Buch enthält 243 kurze Prosastücke über den Niedergang der Welt und birgt eine Ästhetik, die auf der Schönheit des Vergänglichen, Unvollkommenen und der Einfachheit der Dinge fußt.

[2] Wird dem Mönch Saigyo und dem Jahr 1187 zugeschrieben. Enthält 108 Erzählungen in neun Bänden, die sich an die buddhistische Philosophie anlehnen.

[3] Hier wird auf die quasi logische Folge eines guten Gefolgsdienstes verwiesen: Ruhm als hohe Position, Reichtum als hohes Gehalt, mit dem die untergebenen Männer versorgt werden.

händler oder einem anderen zu verkaufen. Als Taku Zusho das hörte, meinte er zu meinem Vater: "Fürst Katsushige erzählt mir immer, dass du dich in deinem Gefolgsdienst übst, wenn du nicht von anderen beobachtet wirst. Dein treuer Dienst wird sicher deine Nachkommen für den Fürsten erfolgreich und nützlich machen." Dann nannte er mich Matsukame, wonach Edayoshi Rizaemon freundlicherweise den *hakama-tsuke*-Ritus[1] an mir vollzog. Im Alter von neun Jahren wurde ich als Knappendiener zu Fürst Mitsushige berufen und mit dem Namen Fukei belegt. Als ich auch Prinz Tsunashige diente, sprang ich gern mit einer Bettdecke auf seine Feuerstelle, ließ ihn mich auf seinem Rücken tragen und veranstaltete allerlei Unsinn. In jedermanns Augen war ich ein echter Bengel.

Als ich 13 wurde, ordnete Fürst Mitsushige den Initiationsritus für mich an. Nach einem Jahr selbstauferlegter Beschränkung in meinem Haus, meldete ich mich am 1. Mai des folgenden Jahres als Knappe unter dem neuen Namen Ichiju zurück.

... Gedemütigt von denen, die auf mich als Samurai von niederem Rang herabsahen, versuchte ich seitdem Tag und Nacht herauszufinden, wie ich mich selbst am besten in meinem Dienst anstrengen könnte. Zu dieser Zeit besuchte ich die Residenz von Gorozaemon, um jede Nacht seinen Reden zu lauschen. Eines Nachts sagte er: "Die Alten behaupten, dass der, der von Ruhm und Reichtum angezogen wird, kein Gefolgsmann ist; der, der nicht davon angezogen wird, ist aber auch keiner. Darüber müßt ihr ernsthaft nachdenken." Als ich darüber angestrengt nachsinnte, sah ich plötzlich meinen Weg offen vor mir liegen. Gorozaemons Unterweisung lehrte mich, dass der höchste Dienst eines Gefolgsmannes, wann immer

---

[1] Bei dieser Zeremonie wird ein Kind zum ersten Mal in das formelle *hakama*-Gewand gekleidet. Unter den Adligen im zehnten Jahrhundert eingeführt, wurde dieser Ritus während der Tokugawa-Zeit sowohl bei den Samurai als auch bei der gewöhnlichen Bevölkerung beliebt.

nötig, die Einlassung beim Fürsten zugunsten der Sicherheit des Clans ist, und dass man einen Ministerposten zu diesem Zweck gewinnen muß, anstatt unten in der Hierarchie zu verweilen. Überzeugt, dass man Fortschritt nicht für eigenen Ruhm und Reichtum, sondern für seinen höchsten Dienst suchen sollte, beschloß ich, Minister zu werden. Ein Mann, der schnell auf einen hohen Posten befördert wurde, als er noch jung war, hat sich früher stets als unwirksam herausgestellt, darum mühte ich mich tagein, tagaus, und konnte mich in meinen Fünfzigern endlich niederlassen, gelbe Tränen vergießend, wenn nicht gar Tränen des Blutes. Diese Übung kann als Prinzip der "*Kakuzo*-Schule"[1] bezeichnet werden.

Trotz meines tiefen Bemühens verstarb der Fürst, bevor ich den Posten des Ministers innehatte. Diejenigen, die bereits auf die höchsten Ränge befördert waren, entehrten seinen Namen, wonach ich das wurde, was ich bin.[2]

Während ich einerseits meinen größten Wunsch nicht erfüllen konnte, als Minister zu dienen, sind auf der anderen Seite meine Jahre beharrlicher Anstrengung in Richtung auf das Ziel vergleichbar mit der letzten Erfüllung. Es ist wahr, wenn ein Mann sich ein Ziel setzt, kann er es auch erreichen.

Diejenigen, um die sich der verstorbene Fürst kümmerte und die nach seinem Tod bestraft wurden, hatten diese Strafe wohl selbst herbeigeführt, weil sie aus Selbsttäuschung handelten, wie ich schon im *Gukenshu* schrieb.

Auch wenn die Geschichte meines Lebens prahlerisch klingt, unergründliches Schicksal hat mich durch mein Leben geführt. Ich enthülle es dir heute, in der Stille des Berges.

---

[1] Eine *jujitsu*-Schule, die von Kakuzo, einem Angehörigen des Nabeshima-Clans, gegründet wurde. Er lehrte Kampfringen zu praktischen Zwecken und ohne philosophische Grundlage.
[2] Ein Mönch.

(Am nächsten Morgen wurden folgende Haiku zwischen Yamamoto Tsunetomo und Tashiro Tsuramoto getauscht)

Eine Schale sorglosen Haferbreis
Schmeckt so warm, wie dein Herz ist,
In einer Winterklause.

Kisui

Vertrocknete Halme der Morgenblüte
Knisternd im Feuer
So leuchtend wie unsere brennenden Herzen.

Furumaru

Neidische ältere Gefolgsmänner

Es gab einmal einen Neuling unter denen, die Fürst Naoshige nahestanden, der von diesem besonders bevorzugt wurde. Eines Tages kamen ältere Gefolgsmänner überein, um eine Audienz beim Fürsten zu bitten, und sagten: "Mein Fürst, es scheint, dass Ihr Euch besonders um den So-und-So kümmert, den wir weder auf dem Schlachtfeld sahen noch von seiner Nützlichkeit in diesen Tagen hörten. Könntet Ihr uns die Gründe dafür nennen, warum dieser Mann in Eurem Dienst steht und von Euch bevorzugt wird?"

"Ihr habt recht", erklärte der Fürst. "Dieser Mann ist zwar in Tagen des Kampfes nicht nützlich, aber ich habe Gefallen an ihm gefunden. Ich fühle mich beruhigt, wenn ich ihn für niedrige Arbeiten einsetze. Ich kann doch nicht erfahrene Gefolgsleute wie euch bitten, solch niedere Arbeiten zu verrichten; ich bin von euch in Zeiten des Krieges abhängig."

Ein tapferer Gefolgsmann, der zum Räuber wurde

Der verarmte Saito Yonosuke hatte eines Tages kein Geld mehr für Reis, worüber seine Frau lamentierte. Als er ihre Sorge vernahm, verließ Yonosuke das Haus mit den Schwertern in der Hand und sagte: "Obwohl du eine Frau bist, hast du einen beschränkten Geist, wie du dein Herz über einer Kleinigkeit wie dem Wunsch nach Reis verlierst. Es gibt überall Reis für uns. Warte nur ein Weilchen." Dann sah er Bauern mit etwa zehn Pferden auf der Straße, die Reis auf ihrem Rücken transportierten.

Yonosuke fragte, wohin die Bauern gingen, und sie antworteten, sie seien auf dem Weg zu der Messe in der Burg. "In diesem Fall", sagte Yonosuke, "bringt alles hier entlang und laßt es in meinem Haus. Ich, Saito Yonosuke, brauche Reis für die Beamten. Hierher und dorthin mit dieser schweren Ladung Reis zu gehen muß sehr mühsam für euch sein. Laßt den Reis bei mir und zeigt dem Dorfvorsteher dafür meinen Beleg."

Seine Worte konnten die Bauern nicht überzeugen, und sie gingen davon. Wütend zog Yonosuke sein Schwert und hieß sie, anzuhalten. So gezwungen, mußten die Bauern den Reis in sein Haus tragen und mit seinem Beleg nach Hause zurückkehren. Yonosuke zeigte den Reis seiner Frau und prahlte: "Hier sind Mengen von Reis. Nimm, soviel du willst."

Dieser Vorfall wurde bald bekannt, und Yonosuke erzählte ihn so, wie er war, den Untersuchenden. Er wurde für schuldig befunden und zum Tode verurteilt. Fürst Katsushige befahl einem Gehilfen wie üblich, seinem pensionierten Vater, Fürst Naoshige, die Beweise für Yonosukes Schuld mitzuteilen.

Bei diesen Nachrichten wandte sich der pensionierte Fürst - ohne ein Wort an den Gehilfen - an seine Frau: "Du hast gerade gehört, dass Yonosuke hingerichtet werden soll. Wie bedauerlich! Er war einer unter wenigen, der in blutigen Schlachten unter Einsatz seines Lebens, das mehr wert war als Japan und ganz China zusammen, und bei verschiedenen Gelegenheiten in wilder Verteidigung der Provinz von Zizen kämpfte. Er war einer der wenigen, deren überlegener Dienst unser bequemes, friedliches Leben als 'Fürst' und dessen 'Gnädigste' ermöglichte. Yonosuke ist ein Mann von unvergleichlicher Tapferkeit, der sich mehrfach auf dem Schlachtfeld ausgezeichnet hat. Ich habe ihn in dieses elende Leben getrieben, in dem er nichts zu essen hatte. Wie könnte ich je am Leben bleiben, wenn ein solcher Gefolgsmann getötet wird!"

Das Paar jammerte über Yonosukes Schicksal, mit Tränen des Grolls in den Augen. Völlig überrascht zog sich der Gehilfe hastig zurück und informierte Fürst Katsushige über Fürst Naoshiges Gram, so wie er ihn erlebt hatte.

"Wie gütig sie sind!" sagte der beeindruckte Fürst Katsushige. "Ich habe ja schon lange einen Weg gesucht, meine Sohnesschuld zu begleichen, wie könnte ich da Yonosuke töten lassen und dadurch meine Eltern quälen, die so viel von ihm halten? Eile und sage ihnen, dass er begnadigt wird." Fürst Naoshige faltete, als er dies hörte, seine Hände zum Gebet und verbeugte sich vor der Hauptzitadelle: "Er ist mein eigener Sohn, und ich bin ihm so dankbar für seine Rücksichtnahme. Nichts macht mir mehr Freude als diese Nachricht."

Die Arroganz eines alten Kämpfers

Fürst Katsushige beobachtete das Schießtraining auf dem Stand, als Saito Yonosuke an der Reihe war. Yonosuke ergriff seine Flinte und gab einen Schuß hoch in die Luft ab. Der Mann im Ziel informierte den Fürsten: "Es wurde kein Kugelloch gefunden." Yonosuke, der hochmütig dastand, schrie: "Na klar! Es kann niemals gefunden werden. Ich habe mein ganzes Leben lang nie auf die Erde gezielt. Ich hatte aber diese besondere Angewohnheit, keine lebendigen Feinde zu verfehlen, was Fürst Hida, der noch am Leben ist, bestätigen kann."

Das brachte Fürst Katsushige in Rage, der bereit war, Yonosuke zu erschlagen, aus dem Schießstand schritt und zur Burg zurückkehrte. Dieses Geschehen zerstörte die hochgeistige Schießübung. Fürst Katsushige besuchte die Gemächer von Fürst Naoshige bei der dritten Zitadelle, berichtete hitzig, was geschehen war und sagte: "Er reizte mich, seinen Fürsten, ganz direkt, und beschämte mich in Gegenwart vieler Gefolgsleute. Obwohl ich ihn an Ort und Stelle hätte erschlagen können, hat deine langjährige persönliche Vorliebe für Yonosuke meinen

Ärger im Zaum gehalten. Sage mir nun, wie ich ihn bestrafen soll."

Fürst Naoshige tobte: "Dein Ärger, mein Sohn, ist sehr berechtigt. Verurteile den Truppenkommandeur augenblicklich zu *seppuku.*" Fürst Katsushige erinnerte seinen Vater verblüfft: "Der Truppenkommandeur trägt keine Schuld. Ich frage dich, wie Yonosuke bestraft werden soll." Fürst Naoshige beharrte: "Ich habe den Truppenkommandeuren erzählt: 'In dieser langen, ruhigen Phase neigen die jungen Männer zur Unaufmerksamkeit und vergessen, wie man Waffen handhabt. Wenn das so bleibt, können sie im Notfall nicht ihren Dienst verrichten. Zu Beginn laß deine Männer Zielschießen im Beisein von Shinano-no-kami[1] üben.' Das ist gut für junge, untrainierte Gefolgsleute. Aber einen alten Mann wie Yonosuke hinaus auf den Schießstand zu zerren und mit jungen Männern üben zu lassen, ist scheußlich, wofür der zuständige Truppenkommandeur verantwortlich gemacht werden sollte. Yonosuke hatte nämlich recht; ich kann bezeugen, was er sagte. Verurteile den Truppenkommandeur sofort zu *seppuku.*" Fürst Katsushige bat inständig um das Leben des Kommandeurs, und der Fall geriet in Vergessenheit.

Naoshige vertreibt die Geister

Die heimlichen Liebhaber, die bei der dritten Zitadelle angetroffen worden sind, wurden für schuldig befunden und hingerichtet. Ihre Geister erschienen Nacht für Nacht bei der Zitadelle und erschreckten die Dienstmädchen, die aus Furcht vor ihnen nachts in ihren Quartieren blieben. Die Zitadelle wurde schon lange heimgesucht; darum ließ die Gemahlin des Für-

---

[1] Wörtlich ist das der Fürst der Provinz Shinano, steht hier aber als Teil von Fürst Katsushiges Namen (Nabeshima Shinano-no-kami Katsushige).

sten, als sie davon hörte, Exorzismus durchführen, eine Messe für die Toten halten und andere Riten vollziehen, doch ohne Erfolg.

Fürst Naoshige wurde über die hartnäckigen Geister informiert und sagte laut: "Gut, das zu wissen. Es war nicht genug, diese verachtenswerten Gestalten zu köpfen. Schön, dass ihre Seelen immer noch umherirren und zu Geistern im See des Leidens wurden, ohne Nirvana erreicht zu haben. Mögen ihre Seelen noch lange Geister bleiben!" Seit dieser Nacht erschienen die Geister nie wieder.

Lass deinen Clan bereitwillig untergehen

Fürst Naoshige sagte einmal zu seinem Enkel, Fürst Motoshige: "Jedes Haus, ob von hohem oder niederem Rang, muß früher oder später untergehen. In diesem Fall gehst du selbst schändlich unter, wenn du zu ungeduldig versuchst, aus der Klemme zu kommen. Wenn es Zeit für den Niedergang ist, laß deinen Haushalt mit Würde in den Ruin gehen. So vorbereitet, wirst du vielleicht ein, zwei Wege finden, dich von solchem Ruin irgendwie fernzuhalten." Diese Geschichte wurde von Fürst Motoshige seinem Sohn Zenkai-in erzählt.

Der geschwächte Speerstoss

Als Prinz Aki-no-kami Fürst Naoshige wegen einer offiziellen Angelegenheit zur dritten Zitadelle rief, mußte er erkennen, dass der Fürst nicht da war und niemand wußte, wo er sich befand. Auch beim zweiten Aufruf am nächsten Tag blieb der Fürst verschwunden. Nach sorgfältiger Suche auf dem Gelände der Burg wurde der Fürst schließlich auf dem Aussichtsturm angetroffen.

Der Prinz kletterte sofort hinauf und fragte den Fürsten, was er dort gemacht habe. Fürst Naoshige antwortete: "Ein paar Tage lang habe ich die öffentliche Moral unseres Clans beobachtet." Weiter erklärte er auf die Frage, was das bedeute: "Das heißt, Passanten auf der Straße zu beobachten und zu analysieren, was ich beobachtet habe. Leider scheinen die Speerstöße der Provinz Hizen in letzter Zeit schwächer geworden zu sein. Ein Mann in deiner Position muß sich merken, was ich hier sage. Die meisten Passanten schauen zu Boden, weil ihr Geist freundlich geworden ist. Ohne gewalttätigen Geist kann aber ein Speerstoß keine Kraft haben. Von einem Mann mit unbeugsamem Herzen, der alles mit Aufrichtigkeit und Ehrlichkeit bedenkt, wird man nicht erwarten, männliche Aufgaben zu erfüllen. Manchmal muß man prahlen und den eigenen Geist aggressiv und sorgenfrei halten, um Samurai zu werden." Danach, so sagt man, hatte Prinz Aki-no-kami ein großes Mundwerk. *(Diese Geschichte wurde von einem gewissen Nakano erzählt.)*

Ein Eid, zurückgezogen zu sterben

Yoko'o Kuranojo, der unübertroffene Meister im Speerkampf, diente Fürst Naoshige und wurde von dessen außerordentlicher Zuneigung gesegnet. Der Fürst pries Kuranojo himmelhoch seinem Enkel Fürst Getsudo gegenüber: "Wenn du nur mit eigenen Augen sehen könntest, wie mutig Kuranojo zu Beginn seiner Jugend in den Schlachten seinem Speer zuredete! Das war ein bewundernswerter Anblick!"

Kuranojo war für die besondere Zuneigung des Fürsten dankbar und bot ihm den schriftlichen Schwur an, ihm bei dessen Tod durch *seppuku* in die andere Welt zu folgen. Später geriet Kuranojo in einen Rechtsstreit mit einem Bauern, der vor die Ratsversammlung des Clans gebracht wurde, wo er aus hinreichenden Gründen für verantwortlich gehalten wurde.

Kochend vor Wut wandte sich Kuranojo an seinen Fürsten: "Wie kann ein Samurai, der für einen Bauern aufgegeben wird, seinem Fürsten durch *seppuku* in die Unterwelt folgen? Bitte gebt mir meinen Schwur zurück." Da bemerkte Fürst Naoshige seufzend: "In einem Rechtsstreit gewinnt einer, der andere verliert. Er ist zwar in den Kriegskünsten bekannt, weiß aber wenig von der Welt. Wie bedauerlich!" Dann gab er ihm den schriftlichen Schwur zurück.

Sei ständig wachsam

Fürst Naoshige ging nachts gerne aus, machte es sich aber zur Gewohnheit, solange zu plaudern, bis er nüchtern war, ehe er heimkehrte. Zum Schlafen bereit, zurrte er sein Leintuch fest. Er zog sein langes Alltags-Schwert, inspizierte dessen eiskalte Klinge so, dass sie seine Brauen berührte, und steckte sie dann zurück in die Scheide. Dies versäumte er nicht eine Nacht.

Übersieh entwürdigende Taten

Fürst Naoshige schoß auf einer Jagd bei Shiraishi einen wilden Bären. Sein Gefolge rannte unter Worten der Bewunderung für die ungewöhnlich große Trophäe zu dem Wild, als der Bär plötzlich aufstand und sich davonmachen wollte. Während die Zuschauer sich verwirrt zerstreuten, zog Nabeshima Matabei sein Schwert und tötete das Tier sofort.

Fürst Katsushige bedeckte derweil sein Gesicht mit dem Ärmel seines Jagdanzugs und sagte: "In meine Augen kommt Staub!" Er war aufmerksam genug, sich nicht den entwürdigenden Anblick der beunruhigten Männer anzuschauen.

Die vier Arten von Gefolgsleuten

"Es gibt vier Arten von Gefolgsleuten: die langsam-schnellen, schnell-langsamen, schnell-schnellen und langsam-langsamen", sagte Fürst Katsushige oft. "Die schnell-schnellen können Anweisungen jederzeit richtig zur Zufriedenheit ihrer Herren ausführen. Dieser beste Typ von Gefolgsmann wird nur selten angetroffen. Fukuchi Kichizaemon kommt diesem Idealtyp nahe. Der langsam-schnelle kann Dinge flink erledigen, auch wenn er nicht gleich die Anweisungen versteht. Männer wie Nakano Kazuma sind von dieser Sorte. Die schnell-langsamen, die schnell die Instruktionen auffassen, brauchen zu lange, um sie auszuführen. Alle anderen sind vom langsam-langsamen Typ."

Wie man Männer von Talent findet

Fürst Katsushige reichte seinem Sohn Mitsushige noch vor der Übergabe der Herrschaft ein Dokument, das Fürst Naoshiges Worte zu 20 Themen enthielt. Ich verweise auf eine Unterhaltung, die am 26. Mai zwischen Fürst Naoshige auf seinem Totenbett und seinem Sohn, Fürst Katsushige, stattfand:

"Am wichtigsten ist beim Regieren eines Clans, Männer von herausragendem Talent zu finden", sagte Fürst Naoshige. Darauf fragte Fürst Katsushige: "Sollte man Buddha und den Göttern gegenüber einen Eid ablegen, um gute Gefolgsleute zu bekommen?" – "Nein", antwortete sein Vater, "im allgemeinen beten Menschen zu Buddha und den Göttern um etwas, das sie nicht aus eigener Kraft erlangen können; gute Männer zu finden steht aber in des Menschen Kraft." Als er noch einmal gefragt wurde, wie man das schaffen könne, sagte er: "Die Dinge haben die Eigenschaft, sich um einen Mann zu versammeln, der sie mag. Wenn zum Beispiel ein Mann, der nie eine Pflanze besaß, zu einem Blumenliebhaber wird, wird er sich nach einer Weile von vielen Blumenarten umgeben finden, manchmal sogar von einer oder zwei seltenen Sorten. Ebenso kann ein Mann, der talentierte Männer mag, sie für sich gewinnen – indem er sie liebt und sich um sie sorgt."

Von Fürst Naoshige ist auch überliefert: "Nichts, was nicht aus Aufrichtigkeit entsteht, kann wirklich nützlich sein." Desweiteren verwies er auf verschiedene andere Dinge.

Halte dich nie für Verehrungswürdig

Als Fürst Tsunashige mit seinem Vater Katsushige zum ersten Mal von Edo zum Saga-Clan reiste, reihten sich Dorfbewohner zu beiden Seiten der Straße auf, um dem jungen Prinzen bei seinem ersten Clan-Besuch Respekt zu bezeugen. Sie verbeugten sich mit zum Gebet gefalteten Händen vor ihm.

Später sagte Fürst Tsunashige zu seinem Vater: "Sie verneigten sich vor mir im Gebet, als ich vorüberzog." Sein Vater belehrte ihn streng: "Das mußt du ernsthaft überdenken. Halte dich nie für heilig und für würdig, durch andere Menschen verehrt zu werden."

Gnade und Mut

Fürst Tannen pflegte zu sagen: "Der buddhistische Mönch kann keine Erleuchtung im Buddhismus erreichen, wenn er nach außen keine Gnade und nach innen keinen grenzenlosen Mut zeigt; der Samurai kann seine Pflicht als Samurai nicht erfüllen, wenn er nach außen keinen Mut und nach innen keine grenzenlose Gnade zeigt. Buddhistische Mönche erlernen darum Mut durch die Verbindung zu Samurai, während Samurai Gnade in der Gesellschaft von Mönchen lernen.

Während all der Jahre meiner Reise auf der Suche nach Erleuchtung konnte die Begegnung mit gelehrten, hohen Priestern mir nie bei meiner Übung helfen, nicht ein einziges Mal. Wann immer ich von heldenhaften Samurai hörte, besuchte ich sie, wie hart die Reisen auch waren, um ihren Gesprächen über *Bushido* zu lauschen. Das war, wie ich mich genau erinnere, eine große Hilfe auf der Suche nach Wahrheit.
Zuerst kann ein Samurai, der immer bewaffnet ist, mit Hilfe der Waffen, die er trägt, auf ein Schlachtfeld stürmen; während der Mönch, der mit nichts als einem Rosenkranz bewaffnet ist, nicht in einen blutigen Wald von glitzernden Speeren und Schwertern rennen kann, weil er nur von einfacher Freundlichkeit und gütigem Geist begleitet wird. Zweifellos bräuchte letzterer dafür umfassenden Mut. Aus diesem Grund sieht man hohe Priester und ähnliche Menschen manchmal vor ungeheurer Anspannung zittern, wenn sie bei einer großen buddhistischen Messe dem Altar Weihrauch darbringen. Der Mönch muß sich mit großem Mut bewaffnen, der ihn befähigt, die Toten, die ins Leben zurückkehren, zu zertrampeln, und die Verstorbenen aus dem Schlund der Hölle herauszuziehen.

Die Mönche heute begeistern sich für nebensächliche Angelegenheiten, wollen kaum freundlich und sanft werden und sind nicht in der Lage, die wahre Erleuchtung des Buddhismus zu erlangen. Es ist noch bedauerlicher zu sehen, wie sie Samurai drängen, die buddhistische Erleuchtung zu suchen, und sie dadurch zu nutzlosen Feiglingen machen. Für einen jungen Samurai ist es unverzeihlich, ans Studium des Buddhismus zu denken, weil das dazu führen muß, dass er zwei Rollen spielt. Wenn er nicht ausschließlich an den moralischen Doktrinen der Samurai festhält und alles andere vernachlässigt, kann er niemals von Nutzen sein. Nur alte Männer können in ihrem zurückgezogenen Rentnerdasein zum Zeitvertreib buddhistischen Unterweisungen zuhören. Der Samurai, der Tag und Nacht eine schwere Last von Loyalität und Sohnespflicht auf der einen

Schulter und Mut und Gnade auf der anderen trägt, kann seinen Dienst als Gefolgsmann erfüllen.

Rufe 'Fürst, Fürst' zur Gebetszeit am Morgen und Abend und zu jeder Tageszeit, der Verdienst wird nicht kleiner sein, als den heiligen Namen von Amitabha oder heiliger Schriften anzurufen. Der Wächtergott des eigenen Bezirks verleiht einem, wenn man ihn wertschätzt, das Aussehen eines Samurai. Viele Beispiele aus Vergangenheit und Gegenwart zeigen klar, dass ein Samurai, der mit Mut, aber nicht mit einer gütigen Seele ausgestattet ist, seine Familie in den Ruin treiben wird."

Daizen, durch den Fürsten von seiner Frau getrennt

Die Frau von Daizen war eine Tochter des Nabeshima Ichisuke. Nach ihrer Adoption durch Fürst Katsushige wurde sie Daizen übergeben. Zur Zeit der Shimabara-Christenrevolte zog sich Daizen die Mißgunst seines Fürsten zu, der ihm seine Frau wegnehmen ließ. Die Frau sandte mehrmals einen Boten zu Daizens Klause, doch er schickte die Briefe ungelesen zurück und sagte: "Ich bin von grenzenlosem Mitleid für sie erfüllt, doch es tut im Herzen weh, selbst wenn mir niemand dabei zusieht, die Briefe von ihr zu lesen, die mir durch meinen Fürsten entrissen wurde."

Später hörte er ganz auf zu essen, nahm zum Trinken Zuflucht und erzählte anderen: "Nun gibt es nichts mehr, wofür ich leben könnte", woraufhin er schon bald Blut erbrach und sein Leben beendete. Danach ließ der Fürst der Witwe 150 *koku*[1] Reis zukommen, um ihren Lebensunterhalt zu sichern.

---

[1] 5 Scheffel Reis entsprechen einem *koku* (1 Scheffel=36,37 l).

Erobern

Narutomi Hyogo sagte: "Erobern heißt: die Verbündeten erobern. Die Verbündeten erobern heißt, sich selbst zu erobern. Sich selbst erobern heißt, die Situation zu erobern und durch Willenskraft zum eigenen Nutzen zu verändern. Solange Körper und Seele eines Mannes nicht wie Stahl gehärtet sind, um Zehntausende von Samurai anführen zu können, kann er keinen Sieg über den Feind erringen."

Ushijima Shingoro, der sich niemals von seiner Frau scheiden liess

Ushijima Shingoro diente stets in der Nähe von Fürst Tsunashige, der ihn mochte und sich geschickt zunutze machte. Als man herausfand, dass Gondo Shichibei, der ältere Bruder von Shingoros Frau, mehrfach in einem Haus von schlechtem Ruf verkehrt hatte, verurteilte man ihn in Edo zum Tode. Fürst Tsunashige statuierte ein Exempel und stellte alle Verwandten von Shichibei unter Hausarrest. Shingoro, Schwager des hingerichteten Shichibei und Mitglied des Edo-Lehens dieses Clans, wurde zum Clan zurückgesandt und drei Jahre unter Hausarrest gestellt.

Während seiner Strafe rieten ihm seine Verwandten und befreundete Gefolgsleute derselben Kampfeinheit wiederholt: "Laß dich um Himmels willen von deiner Frau scheiden, dann wird man dich in den Dienst zurückholen. Wie kannst du so überleben, mit diesem Hungerlohn von nur vier *koku* Reis?" Gänzlich unbeeindruckt erwiderte Shingoro fest: "Ich lasse mich nicht von meiner Frau scheiden, und zwar nicht, weil meine Zuneigung zu ihr mich übermannt, sondern weil ich meine Pflichten und meine Ehre als Samurai vernachlässigen müßte, um mich von meiner Frau scheiden lassen zu können, die unschuldig ist. Nun, wo wir uns fürs Verhungern entschieden haben, laßt uns bitte allein."

Erweiterter Mut

Oki Zen-Hyobu pflegte nach einem offiziellen Treffen seiner Leute stets zu sagen: "Junge Männer, richtet euer Herz auf die Kultivierung des Mutes. Richtet euren gesamten Geist auf den Mut, und ihr erlangt ihn. Wenn euer Schwert in einer Schlacht zerbricht, kämpft mit euren Armen; wenn eure Arme abgeschlagen werden, ringt euren Gegner mit euren Schultern nieder; wenn eure Schultern verletzt sind, könnt ihr immer noch zehn bis fünfzehn Köpfe eurer Feinde mit eurem Mund abbeißen."

Taktvolle Entschuldigungen

Bei einer Schlacht in Korea sah Fürst Naoshige von einer Anhöhe, wie seine Krieger sich ausruhten und ihre Schutzkappen nicht trugen. Wutentbrannt rief er: "Wie taktlos sie sind, so ihre Waffen beiseite zu legen! Lauf zu ihnen und finde heraus, wer zuerst seine Schutzkappe ablegte. Er soll dafür bestraft werden!"

Als die Krieger von den Worten des Fürsten hörten, waren sie geschockt und wußten nicht, wie sie sich erklären sollten. Koyama Heigozaemon erklärte dem Gehilfen des Fürsten: "Alle 20 Krieger schauten einander an und nahmen ihre Kappen gemeinsam ab."

Als der Gehilfe dies dem Fürsten Naoshige berichtete, sagte der: "Wie schlau sie sind und sich herausreden! Das war sicher Koyama Heigozaemons Idee." Koyama ist der Sohn von Ryuzoji Umedayu und für seine unübertroffene Tapferkeit bekannt.

Takt, mit dem man das Gesicht des Fürsten wahrt

Als Fürst Katsushige einen Gast unterhielt, wurde Kranichfleisch serviert. "Ich hörte, dass du weißen und schwarzen Kranich und andere Arten nur an ihrem Geschmack unterscheiden kannst", sagte der Gast. "Ist das wahr?"

Fürst Katsushige bejahte, und der Gast fragte ihn, welche Art von Kranich an diesem Tag serviert wurde. Der Fürst antwortete: "Es war ein *mazuru* (reiner Kranich)." Der Gast zweifelte aber immer noch und wollte jemanden aus der Küche des Fürsten fragen. Daraufhin hieß der Fürst den Koch Fukuchi Kichizaemon, Bericht zu erstatten.

Kichizaemon bekam dies mit, eilte in die Küche, ergriff eine Riesenschale Saké und kippte sie ab, Schale um Schale. Nachdem man mehrmals nach ihm gerufen hatte, erschien er schließlich vor dem Fürsten und dem Gast. Der sturzbetrunkene und sprachlose Kichizaemon konnte, als ihn der Gast befragte, nur unverständliche Worte brabbeln wie: "Aah, daas wa w w blu blu, eiiin raiine bluuna Kraanisch." Der Fürst entließ ihn ermahnend: "Du bist zu betrunken. Geh zurück in die Küche."

Wenn man eine stupide Arbeit bekommt

Yamamoto Tsunetomo genoß als Jugendlicher eines Abends in der Burg einen Schlummertrunk, als Ikuno Ayabe zu ihm sagte: "Ich wurde von Nakano Shogen gebeten, mit dir über die grundlegende Haltung beim Gefolgsdienst zu reden, und tue das nun als Freund.

Ich weiß nichts Besonderes, außer, dass jeder seinen Dienst gut verrichten kann, wenn alles glatt läuft, dieselbe Person aber ihren Mut verliert, wenn sie niedere Schindereien verrichten muß. Das ist keine gute Einstellung; das ist gänzlich abzulehnen.

Ein Mann in einer angenehmen Position sollte, wenn man ihn Wasser holen und Reis kochen läßt, noch härter als befohlen arbeiten, ohne darüber zu grübeln. Da du noch jung und großspurig bist, gib darauf besonders acht."

Sei vor allem vital

Yamamoto Zen-Jin'uemon pflegte seine Männer auf einfache Art zu ermutigen: "Geht spielen und erzählt einen Haufen Lügen. Solange jemand nicht sieben Lügen erzählen kann, während er einen *cho* (ca. 110 Meter) läuft, kann man von ihm nicht erwarten, irgendetwas als wahrer Mann zu erreichen." Diese Worte entstammten seiner Überzeugung, dass wohlerzogene Männer von vernünftigem Denken dieser Tage keine Großtat vollbringen könnten, wo doch Kriegsgeist die einzige wichtige Tugend war, die von einem Samurai verlangt wurde. Er ließ die Leute mit nachlässigem Verhalten so zurück, wie sie waren, gab vor, ihr unschickliches Benehmen nicht zu bemerken, und sagte: "Ich habe etwas Tugendhaftes getan."

Sagara Kyuma war ein anderes Beispiel. Er vergab seinen Männern, die gestohlen hatten, die Ehe gebrochen und anderes, und er kehrte sie schrittweise in brauchbare Männer um. Er sagte: "Männer dieser Art können sich am besten zu nützlichen Männern entwickeln."

Halte den jungen Prinzen davon ab, vom Buddhismus infiziert zu werden

Prinz Tsunashige, der seinem Vater Fürst Mitsushige nachfolgen sollte, ersuchte den Priester Cho'on vom Berg Kokuryu um Anleitung beim Studium des Buddhismus. Nachdem er seine Augen für die Lehren des Buddhismus geöffnet hatte, wurde er für ein Zertifikat fortgeschrittenen Lernens vorgeschlagen, eine ständige Quelle des Spottes unter den Leuten seines Quartiers.

Yamamoto Gorozaemon, damals einer der Gehilfen von Fürst Tsunashige und seines Zeichens Clan-Inspektor, suchte den Priester Cho'on in seiner Residenz auf, als er von diesen Gerüchten hörte. Gorozaemon war fest entschlossen, seine Meinung zu sagen, und, falls seine Bitte auf taube Ohren stieße, Cho'on mit einem Hieb seines Schwertes niederzustrecken.

Der Priester Cho'on, der ihn für einen gewöhnlichen Gläubigen hielt, trat in seiner einstudiert friedvollen Art auf ihn zu, als Gorozaemon meinte: "Ich muß etwas streng Vertrauliches mit dir besprechen. Bitte schick deine Gehilfen aus diesem Raum." Dann näherte er sich Cho'on und sagte entschlossen: "Man behauptet, dem Prinzen Tsunashige würde ein Zertifikat für fortgeschrittenes Lernen wegen seines guten Verständnisses des Buddhismus verliehen. Du bist ja in der Provinz von Hizen geboren und darum mit der Familientradition von Ryuzoji-Nabeshima vertraut, denke ich. Im Gegensatz zu anderen Lehen wird unser Clan, der über Generationen von der Familie geleitet wurde, vom Fürsten und seinen Männern verwaltet, die sich gegenseitig helfen. Niemals gab es in der Geschichte der Nabeshima-Familie irgendeinen Kopf des Clans, der solch ein Zertifikat für fortgeschrittenes Lernen im Buddhismus erhalten hätte. Wenn dieses Zertifikat irgendwie ausgestellt würde, wäre der Prinz von der Idee besessen, er hätte Erleuchtung erlangt, würde die Meinung seiner Männer als Unfug abtun und nur unglückliche Zwietracht zwischen sich und seine Gefolgsleute bringen. Leute von hohem Stande neigen sowieso schon dazu, eingebildet zu sein, also denk bitte nicht darüber nach, ihm das Zertifikat zu geben. Wenn du meinen Wunsch ablehnst, wirst du den morgigen Tag nicht mehr erleben."

Der Priester wurde bei den Worten des Besuchers blaß, gewann dann seine Haltung wieder und erwiderte: "Wie bewundernswert deine Absichten sind! Ich verstehe nun die Umstände deines Clans gut. Du bist ein wahrhaft loyaler Gefolgsmann." – "Ich kenne deinen Trick", unterbrach Gorozaemon, "ich bin nicht gekommen, um gelobt zu werden; ich kam hierher, um sicher zu gehen, dass du diese Zertifikat-Geschichte sein läßt." Da versicherte Cho'on ihm: "Dein Wunsch ist einleuchtend. Unter keinen Umständen werde ich ihm je irgendeine Belohnung für seine Studien zukommen lassen." Gorozaemon bestärkte den Priester noch einmal in dieser Absicht und ging davon. *(Diese Geschichte wurde Yamamoto Tsunetomo von Gorozaemon selbst erzählt.)*

Nimm die Schuld des hingerichteten Vorgesetzten auf dich

Nachdem Nakano Shogen durch *seppuku* hingerichtet war, wurden seine Gehilfen Ishii Kuranojo und Naramura Seibei über das Verhalten Shogens befragt. Kuranojo antwortete: "Shogen hatte von der Sache keine Ahnung. Das war mein Fehler." Zu einem anderen Punkt stellte er fest: "Das war meine Tat. Shogens Zeit wurde völlig davon in Anspruch genommen, dem Fürsten zu dienen; wir handelten in allem auf unsere jeweils eigene Verantwortung. Während ich einige Angelegenheiten vorbrachte, überließ es Shogen, der damit nicht vertraut war, stets uns, darauf zu reagieren. Alle Fehler waren deshalb meine."

Der untersuchende Beamte bedrängte Kuranojo: "Nicht alles, was du hier sagst, dürfte wahr sein. Es muß einige Dinge gegeben haben, die Shogen selbst entschied. Sag uns die Wahrheit." Kuranojo versicherte: "Wenn Shogen am Leben wäre, könnte ich wahrscheinlich ein paar Fakten bezeugen, die ihm zugerechnet werden müßten. Wie es nun steht, erlaubt mir aber mein wahres Herz als Samurai nicht, die Schuld auf den Verstorbenen zu laden, um meiner eigenen Strafe zu entgehen." Diese Haltung bewegte die Beamten der Befragung tief und bewahrte ihn vor jeder Bestrafung. Seibei dagegen brachte, als er befragt wurde, häßliche Entschuldigungen vor, was seine Fehler ans Tageslicht beförderte, woraufhin ihm befohlen wurde, die Führung seines Hauses aufzugeben.

Einige Zeit danach gab es einen Rechtsstreit wegen der Benzaidake-Grenzlinie. Als die Beamten benannt wurden, die dafür zuständig sein sollten, war Kuranojo schon lange dafür vorgesehen.

Äussere nicht ein Wort, um den Herrn zu belasten

Fukai Nizaemon wurde vom Clan befragt, nachdem er wegen Fehlverhaltens nach mehreren Jahren vom Posten des Leiters der Osaka-Abteilung abgezogen worden war. Auch seine Diener wurden bei der Rückkehr in ihre Heimat zwecks Befragung an den Hof bestellt. Sie erkundigten sich erst einmal auf Nizaemons Residenz, wie und was sie antworten sollten. Nizaemon erklärte: "Erzählt den Beamten, wie die Dinge wirklich waren. Ich kann euch nicht vorschreiben, wie ihr zu antworten habt." Er traf nicht einen von ihnen nochmal.

Vor Gericht bestand ein Gefolgsmann Nizaemons darauf, keine Ahnung von dessen Fehltritten zu haben. Als der befragende Beamte ihn streng rügte und drohte, ihn foltern zu lassen, wenn er nicht die Wahrheit offenlege, erklärte dieser: "Man soll die Fehler des Herrn verschweigen, so habe ich es verstanden. Ihr könnt mich zu Tode foltern, ich werde nicht ein Wort gegen meinen Herrn sagen." Das bewegte alle anwesenden Beamten.

Fukabori Shinzaemon soll diesen Gefolgsmann in den Dienst seines Haushaltes aufgenommen haben. Nizaemon, ein Enkel von Fürst Nabeshima Aki, wurde in die Obhut von Fürst Nabeshima Mondo gegeben.

Sei auf das Ende der Nabeshima-Herrschaft vorbereitet

Anju Doko, Nachkomme des Ishimi-no-kami und dem Ogi-Clan zugeteilt, sagte: "... Menschen halten gerne Zusammenkünfte ab, um zu essen und zu trinken. Das nutzt niemandem. Bei solcher Gelegenheit werden Menschen mit einem bißchen Verstand oft dabei gesehen, wie sie ihren Fürsten und seine Minister irgendwelcher Missetaten bezichtigen. Oberflächlich betrachtet scheint solche Kritik lobenswert, doch bloßes Jammern hilft überhaupt nicht.

Wenn Fürst oder Minister sich falsch verhalten und der Clan aufgrund der Mißverwaltung durch die Nabeshima-Familie von einem anderen Fürsten auf Anweisung des Shogunats übernommen wird, müssen die Erbvasallen darüber nachsinnen, wie sie die Nabeshima-Familie nach Zeiten der Fremdherrschaft durch auswärtige Fürsten wieder in ihrem Lehen einsetzen. Zu diesem Zweck muß ein jüngerer Sohn des Fürsten im voraus zum Priester werden. Auch jeder Gefolgsmann muß seine Söhne zu Bauern oder Priestern machen. Nachdem der neue Herrscher in unser Lehen gekommen ist, müssen diese Priester und Bauern sich zusammentun, ihn zu Fehlern und Schmach verleiten und diese öffentlich machen, damit das Shogunat ihn vertreibt.

Nach der Verdrängung aufeinanderfolgender Herrscher müssen die Priester und Bauern das Shogunat bitten: 'Die Provinz Hizen, die seit Generationen von der Nabeshima-Familie regiert wurde, sehnt sich nach den Nabeshima-Fürsten und ist nicht bereit, Außenstehende als Herrscher zu akzeptieren. Wenn der Nachkomme der Nabeshima-Familie, der nun ein Priester ist, in sein weltliches Leben zurückkehren dürfte, um das Hizen-Gebiet zu regieren, würden wieder Frieden und Ordnung im Clan gedeihen.' Auf diesem Wege könnte die Nabeshima-Herrschaft wiederhergestellt werden."

Anju Doko selbst, so vernahm ich, machte seinen zweiten Sohn zum Priester und seinen dritten zum Bauern. ...

Oibara[1], das einem Gefolgsmann aufgezwungen wird

Als eine Pflegetochter von Fürst Takanobu mit Fürst Hata Mikawa-no-kami aus der Provinz Karatsu verheiratet werden sollte, erschien dessen Gefolgsmann Yanami Musashi-no-kami als Begleitung für die Prinzessin nach Karatsu. Doch sie war krank geworden und schwebte zwischen Leben und Tod. "Weil meine Anweisung lautet, die Braut nach Karatsu zu begleiten", sagte Musashi-no-kami, "bin ich verpflichtet, ihr durch *seppuku* in dic andere Welt zu folgen, wenn sie nicht gesundet." Vergeblich versuchten die Menschen, ihm seinen einmal gefaßten Entschluß wieder auszureden. Die Minister von Fürst Takanobu diskutierten den Fall und beschlossen: "Wenn niemand aus unserem Clan *seppuku* begeht, um der Prinzessin in den Tod zu folgen, wird der Ruf des Clans getrübt. Dennoch scheint es niemanden zu geben, der sich selbst in der Art des

[1] Eine Art des *seppuku*, die den Sinn hat, "den Namen des Clans vor Schande zu bewahren".

oibara töten will, wenn er darum gebeten wird; mit Ausnahme des Hashimoto Shogen."

Der arme Shogen wurde vor die Minister bestellt und angewiesen: "... Auch wenn es offensichtlich sehr viel verlangt ist, wird dir hiermit befohlen, beim Tod der Prinzessin *seppuku* zu begehen." Shogen entgegnete: "Das ist ein Blitz aus heiterem Himmel! Ein Mann von meinem niederen Stand kann solch einer ernsten Angelegenheit kaum gerecht werden, die einen entscheidenden Einfluß auf den Ruf des Lehens haben wird. Es wäre angebrachter, wenn eure ruhmreichen Herrschaften auf den führenden Positionen durch *seppuku* sterben würden. Dennoch werde ich euren Befehlen Folge leisten."

Dann ging er direkt zu dem Gasthaus, in dem sich Musashi-no-kami aufhielt, und informierte ihn: "Ich bin tief in der Schuld der Prinzessin und werde ihr durch *seppuku* in den Tod folgen, wenn sie stirbt." Glücklicherweise erlangte die Prinzessin ihre volle Gesundheit wieder, und Shogen mußte nicht sterben. Die Hochzeit verlief problemlos.

Verlasse dich nicht auf die Götter

Nabeshima Shima bat seinen Vater Nabeshima Aki-no-kami einmal um Erlaubnis, den Atago-Gongen-Schrein in Kyoto besuchen zu dürfen. Der Vater fragte nach, aus welchem Grund. Der Gehilfe des Sohnes, der die Bitte überbracht hatte, antwortete: "Mein Herr möchte die Götter des Krieges um Erfolg auf dem Schlachtfeld bitten." Zornentbrannt rief der Vater: "So etwas ist völlig unnötig. Warum um alles in der Welt sollte der Mann, der die Nabeshima-Familie auf dem Schlachtfeld anführen soll, sich auf Atago Gongen verlassen? Wenn Atago Gongen dich mit dem Feind belastet, schlage den Gott entzwei und führe deine Krieger, um den Feind zurückzuschlagen."

Unterdrücke die Eitelkeit eines fähigen Mannes

Fürst Katsushige wollte schon lange Kuno Ichiuemons Lohn wegen seines ausgezeichneten Dienstes erhöhen, zögerte aber, die Angelegenheit vor seinen Schwager Mondo zu bringen, der Ichiuemon nicht leiden konnte.

Als Fürst Katsushiges Besuch zu Ehren von Ichiuemon in dessen Residenz vorbereitet war, informierte Mondo den Fürsten: "Ichiuemon war dem Clan von großem Nutzen, eine Lohnerhöhung scheint sehr angebracht." Fürst Katsushige war voller Freude über diese Worte, rief sofort Ichiuemon und verkündete ihm die lange überfällige Erhöhung: "Ich bin erleichtert, dass Mondos bittere Gefühle dir gegenüber sich entscheidend verändert haben. Besuche ihn, um deinen Dank auszudrücken."

Hocherfreut ging Ichiuemon direkt zu Mondos Residenz, wo er Mondos Diener seinen herzlichen Dank aussprach für die aufmerksame Empfehlung der Lohnerhöhung und für die 300 Matten, um den Besuch des ehrwürdigen Fürsten in Ichiuemons Haus vorzubereiten. Nachdem er von seinem Diener über diese Worte unterrichtet worden war, bat Mondo Ichiuemon herein und sagte offen: "Du hast dich in deinem Dienst ausgezeichnet – darum habe ich dem Fürsten eine Lohnerhöhung vorgeschlagen. Der Fürst sollte dein Haus mit einem würdevollen Besuch beehren – darum habe ich dir die Matten geliehen. Das sind meine Gründe, sonst keine. Ich kann mich absolut nicht erinnern, mit dir Frieden geschlossen zu haben. Geh nun und komm nicht wieder her. Was die Matten angeht, laß sie mir danach zurückbringen." Bald darauf gab Ichiuemon die Matten zurück.

Später, als seine Tage gezählt waren, rief Mondo Ichiuemon an sein Bett und gestand: "Du bist ein sehr talentierter Gefolgsmann; in meinen Augen haben deine Eitelkeit und Arroganz dich aber oft getäuscht. Darum habe ich dich mein ganzes Leben unter dem Deckmantel der Feindschaft beobachtet. Weil es nach meinem Tod niemanden geben wird, der dich zurechtweist, versuche dich selbst so sehr wie möglich zu bescheiden und dem Fürsten noch stärker zu dienen." Man sagt, Ichiuemon sei voller Tränen der Dankbarkeit nach Hause gegangen.

Ein tapferer Mann in seinen letzten Augenblicken

Während des Aufenthalts des Fürsten in der Provinz Saga spielte Ishii Jinzaemon, der auf dem Edo-Gut des Clans stationiert war, mit Ishii Mokunosuke und gewann dessen Schwerterpaar. Als dieses Spiel ans Tageslicht kam, wurden die beiden Männer zu *seppuku* verurteilt. Matsuo Kihei, der Sicherheitsbeamte des Gutes, wurde ebenfalls zum Tode in Edo verurteilt und seinem Vater Jurodayu, der mit seinem Sohn auf dem Gut diente, der Gefolgsdienst entzogen.

Jinzaemon wurde zum Lehen zurückgerufen und nach der Befragung in eine Zelle gesperrt. Als er vor Gericht gebracht wurde, soll er den Ratsmitgliedern im Detail von dem Spiel erzählt und gesagt haben: "Mein Fehler hat mich ins Gefängnis gebracht, wo ich auf die kommende Strafe warte. Ich habe nichts, worauf ich mit Bedauern zurückschauen könnte. Nur eines quält mich Tag und Nacht: Ein kleines Loch unter der Dachrinne wird durch Ketten gesichert. Zu meinem großen Verdruß glauben die Menschen, dass ein Samurai in meiner Situation die kleine Öffnung unter der Dachrinne zur Flucht nutzen würde."

Am Tag der Exekution rief Fuji Kaheiji den Jinzaemon zu der Stelle des Tempels, an der *seppuku* begangen wurde. Jinzaemon trank mit Kaheiji Abschiedstassen voll Saké, biß ein wenig *Taro*[1] ab und flüsterte: "Wird das nicht herausfallen, wenn ich geköpft werde?" Obwohl Kaheiji verneinte, legte es Jinzaemon beiseite und sagte: "Ich spüre einen Kloß in meiner Kehle und kann ihn nicht hinunterschlucken. Das würde doch unschön aussehen, wenn etwas im abgeschnittenen Teil steckte."

Dann vertraute er sich Kaheiji an: "Ich bin zwar stolz auf meine unübertroffene Tapferkeit gewesen, für die ich berühmt war, doch am Ende bin ich nur ein Feigling. Wenn ich mich unansehnlich beim *seppuku* krümme, möchte ich schnell geköpft werden, bevor ich, entgegen meiner üblichen Prahlerei, zu viel Feigheit zeige. Ich höre, dass das gewöhnliche Selbst eines wahrhaft tapferen Mannes sich niemals ändert, wenn er mit dem Tod konfrontiert wird. Mein ruhiges Selbst hat sich bis letzte Nacht nie geändert, als ich hierher gebracht wurde. Zu meinem großen Bedauern änderte es sich von da an." Otsuka Sadasuke half Jinzaemon als Sekundant beim *seppuku.* Laut Kaheiji war Jinzaemons Haltung in seinem letzten Moment außerordentlich lobenswert.

Die eigene Frau erschlagen, wenn sie Ehebruch begeht

Ein Samurai kam eines Tages heim und erwischte seine Frau und einen Hausgefolgsmann beim Ehebruch im Schlafzimmer. Der Mann floh in die Küche, der Ehemann aber zog sein Schwert und erschlug seine Frau. Dem Hausmädchen erklärte er: "Um meinen Kindern keine Schmach zu bereiten, möchte ich, dass meine tote Frau so behandelt wird, als sei sie an einer Krankheit gestorben, wofür ich deine entschlossene Hilfe benötige. Wenn du auch nur einen Moment zögerst, sollst du hier

[1] Der *Taro*: stärkehaltige Knolle eines Aronstabgewächses.

als Komplize dieses Verbrechens sterben." – "Solange mein Leben verschont wird, mein Herr, werde ich mein Bestes tun, um die Wahrheit unentdeckt zu lassen", versicherte das Hausmädchen. Der Körper der Frau wurde dann in Ordnung gebracht und Decken darüber gelegt.

Nachdem der Samurai ein paar Mal nach dem Arzt gesandt hatte, schickte er diesem eine Nachricht, dass die Frau verstorben sei und er nun nicht mehr kommen müsse. Der Onkel der Frau, der zum Haus bestellt und kurz davon unterrichtet wurde, was passiert war, fügte sich in die notwendigen Schritte, die zu tun waren. So wurde die Ursache für den Tod einer plötzlichen Krankheit zugeschrieben, und die Wahrheit wurde seitdem wohl verborgen. Später wurde der schuldige Gefolgsmann aus dem Hause entlassen. Dieses Ereignis soll sich in Edo abgespielt haben.

Ein Samurai, dem von einem Kampf abgeraten wurde

Während des Aufenthalts des Fürsten in Edo beleidigte ein bestimmter Gefolgsmann, der zu Macht gekommen war, einen Samurai unter dem Deckmantel offizieller Geschäfte. Der beschimpfte Samurai quittierte den Dienst, ohne ein Wort zu sagen. Seine Haltung beeindruckte andere, weil er ganz offensichtlich vorhatte, den ausfällig gewordenen Vorgesetzten zu töten, und so lud ihn ein Älterer zu sich ein und sagte: "Ich klage dich nicht an, wenn du mit ihm durch das Schwert ins reine kommst. Wenn du meine ungefragte Meinung entschuldigst – dieser Groll entstand aus deiner falschen Sicht des Gefolgsdienstes.

Der Fürst hängt von deinem hervorragenden Dienst in Zeiten der Not ab und handelt in Friedenszeiten daher ein bißchen gleichgültig uns gegenüber. Auf der anderen Seite hält er sich einen Mann als Speichellecker, dessen Aufgabe es ist, 'des Fürsten Arsch zu wischen.' Dieser Bastard erkennt das nicht und ist von seinem Dienst in der Nähe des Fürsten und seinem Zugang zur Macht so eingenommen, dass er anderen gegenüber ungehörige Worte äußert. Ich denke, er wird nur deshalb in der Nähe des Fürsten geduldet, weil er wie eine Fliege auf dessen Kopf ist.

Für einen Mann, auf dessen Dienst in Krisenzeiten der Fürst vertraut, ist das Töten eines solchen Narren nicht besser als eine Rauferei mit einem Leprakranken, der einen Stock in der Hand hält. Noch schlimmer, würdest du ihn totschlagen, würdest du bestraft und nicht verfügbar sein, wenn dich der Fürst dringend braucht. Wenn du das verstehst und es für besser hältst, ihn zu töten, bist du ein Gefolgsmann im wahrsten Sinne. Du bist frei, zu tun, wonach dir dein Sinn steht. Dieser beiläufige Gedanke von mir sollte dich nicht von dem abhalten, was du tun willst." Woraufhin der Samurai auf den Totschlag verzichtet haben soll.

Wahrer Gefolgsdienst

Nakana Jin'uemon, sagt man, lehrte stets: "Gefolgsdienst ist kein Dienst, wenn jemand aufmerksam von seinem Fürsten behandelt wird; wahrer Gefolgsdienst besteht im Dienst zu einer Zeit, in der man vom Fürsten nachlässig und unvernünftig behandelt wird. Vergiß das nie."

Eine Ehefrau, die von einem Diener umworben wurde

Als eines Tages Tashiro Riuemon unterwegs war, bekannte ein Diener des Hauses dessen Frau: "Obwohl ich mir selbst viele Male von diesem unverzeihlichen Akt abgeraten habe, dir meine unrechtmäßige Liebe zu gestehen, bin ich doch blind und jenseits aller Kontrolle im Feuer der Liebe gefangen." Wutenbrannt schimpfte sie ihn streng, aber vergeblich, aus. Schließlich sagte sie: "Wenn deine Liebe so stark ist, kann ich sie dir nicht ausreden. Geh in den Holzschuppen, und ich werde dein Verliebtsein erwidern."

Seine Freude kannte keine Grenzen, und er versteckte sich im Holzschuppen. Sie versicherte ihm, sie würde ihm folgen, nachdem sie die vorderen Zimmer gereinigt hätte, schloß ihn ein und wartete auf Riuemons Rückkehr. Bei dessen Ankunft erzählte sie ihm, was geschehen war, woraufhin der arme Diener, aus dem Schuppen gezerrt, die Geschichte gestand und von Riuemon erschlagen wurde.

Diese Zeiten tragen keine Schuld

Okubo Doko bemerkte einst: "Die Menschen sagen, diese korrupte Zeit könne keine Meisterhand hervorbringen. Ich stimme nicht zu, denn dieser Tage sind ausnahmslos edlere und schönere Päonien, Azaleen, Kamelien und ähnliches gezüchtet worden. Das scheint zu belegen, dass die Schönheit der Dinge von der Menschen liebevoller Aufmerksamkeit abhängt. Wenn also meisterliche Leistungen hochgeschätzt werden, müssen auch in diesen Tagen Meister auftauchen. Es ist traurig, dass die Menschen dieses Zeitalter als degeneriert betrachten und sich nicht bemühen. Die Zeit ist nicht schuld, sondern der Mangel an stetiger Übung."

Eine Ehefrau drängt ihren Mann, seine Ehre zu verteidigen

Als ein Gefolgsmann namens Takagi einige Bauern erschlug, machte seine Frau ihren Einfluß geltend.

Takagi hatte eines Tages eine heftige Auseinandersetzung mit drei Bauern aus der Nachbarschaft und wurde in einem Reisfeld niedergeschlagen und übel zugerichtet. Nachdem er sich heimgeschleppt hatte, fragte ihn seine Frau, ob er vergessen hätte, als Samurai zu sterben. Der Mann verneinte vehement, woraufhin sie hinausging und über die Schulter sagte: "Ein Mensch muß früher oder später einmal sterben. Es gibt viele Wege zu sterben: durch Krankheit, durch *seppuku*, durch Exekution mit auf dem Rücken verbundenen Händen, und so weiter. Ich werde gedemütigt sein, dich schändlich sterben zu sehen."

Nach einer Weile kehrte sie nach Hause zurück und brachte ihre beiden Kinder früh zu Bett. Als diese eingeschlafen waren, bereitete sie eine Fackel vor, zog sich für einen Kampf im Dunkeln an und bedrängte ihren Mann: "Gerade habe ich die drei Männer bei einem Treffen gesehen. Nun ist die Zeit reif. Bitte komm." Sie ging ihrem Mann voraus, mit der Fackel in der Hand und einem kurzen Schwert bewaffnet, und brach in das Haus der Bauern ein. Gemeinsam schlugen sie auf die Bauern ein, töteten zwei von ihnen und schlugen den dritten verwundet in die Flucht. Der Ehemann wurde zum Tode durch *seppuku* verurteilt.

Der feste Ruf des *Bushido*

Ein Vasall von Matsudaira Sagami-no-kami, dem Fürsten von Tottori in der Provinz Inaba, wurde nach Kyoto gesandt, um Gelder für den Clan zu sichern. Eines Tages verließ er sein gemietetes Haus in der Stadt, um Passanten auf der Straße zu beobachten, als er einen Mann reden hörte: "Sie sagen, die Samurai, die in diese Randale verwickelt sind, seien Gefolgsleute von Matsudaira Sagami-no-kami." – "Dieses Gerede, dass meine Weggefährten in Raufereien dieser Nachbarschaft verwickelt sein sollen, beunruhigt mich", dachte der Vasall. "Der

Ersatz für unsere Gefolgsleute auf dem Edo-Lehen des Clans hält sich zur Zeit hier zur Erholung auf und ist wohl in diesen Kampf verstrickt", sagte er zu sich selbst.

Von dem Passanten erfuhr er, wo die Auseinandersetzung stattfand, eilte atemlos zu der Stelle und fand alle seine Kollegen niedergestreckt und bereit für den Gnadenstoß. Er forderte sofort die zwei Gegner heraus, tötete sie und kehrte in sein Haus zurück. Die Verwaltungszentrale hörte von dem Vorfall und lud ihn vor Gericht. Als er gefragt wurde, ob er seinen Freunden in der Rauferei beigestanden und damit das Gesetz übertreten hätte, antwortete er: "Für einen Mann der Provinz wie mich klingt eure Beamtenlogik zu schwierig, um sie voll anzuerkennen. Würde es euch etwas ausmachen, sie zu wiederholen?"

Die wütende Belegschaft des Magistrats fauchte: "Hörst du schlecht? An dieser Rauferei teilgenommen und Blut vergossen zu haben, ist ein klarer Bruch von Gesetz und Moral, oder etwa nicht?" Der beschuldigte Gefolgsmann entgegnete darauf: "Langsam dämmert mir ihre Logik, mein Herr. Auch wenn ihr annehmt, dass ich Gesetz und Moral verletzte, habe ich das nie getan. Kein lebendes Wesen, schon gar kein Mensch, will sein Leben verlieren. Ich halte mein Leben für besonders wertvoll. Doch bei der Mitteilung, meine Gefährten seien in einen Straßenkampf verwickelt, empfand ich es als Verletzung des *Bushido*, diese Nachricht zu ignorieren, ohne irgendetwas zu tun, und rannte zum Ort des Geschehens. Wenn ich so schamlos gewesen wäre, meinen niedergestreckten Freunden den Rücken zuzukehren, würde ich zwar leben, *Bushido* aber sterben. Darum habe ich mein geliebtes Leben aufgegeben, um dem Ehrenkodex der Samurai zu folgen und der Moral der Samurai zu genügen. Weil ich mein Leben schon zur Zeit des Straßenkampfes aufgab, würde ich nun eine schnelle Bestrafung schätzen."

Der Magistrat war tief bewegt, als er dies hörte. Die Akte wurde ohne weitere Umstände geschlossen, und das Büro des Magistrats informierte Sagami-no-kami, dass er einen tüchtigen Gefolgsmann habe, den man hochschätzen müsse.

Wie man in Diskussionen gewinnt

Wenn man zu einer entschiedenen Antwort bei einem Rechtsstreit oder einer Kontroverse gedrängt wird, sollte man Zeit gewinnen mit Worten wie: "Ich werde dir meine Antwort nach angemessener Überlegung erteilen." Danach sollte man außerdem ergänzen: "Ich möchte über diese Sache noch weiter nachdenken", um ein bißchen Luft zu haben.

Jemand kann verschiedene Arten von Menschen um Rat fragen und dabei die gegebenen Umstände berücksichtigen. Ein weiser Mann mag ihm unerwartete Weisheit anbieten, während die Geschichte – einmal Ignoranten offenbart – weit verbreitet wird und viel Gerede erzeugt, um die Sache zu seiner Zufriedenheit zu wenden.

Wenn jemand seinem männlichen oder weiblichen Diener von dem aktuellen Sachverhalt erzählt und häufig erklärt: "Die andere Seite besteht *darauf*, ich dagegen *hierauf*", kann er sich selbst damit erleichtern und sich zuversichtlich fühlen, im entscheidenden Moment die viel geübten Worte so darzubringen, dass sie ausgewogen wirken. Wenn jemand alles mit sich selbst ausmacht, wird er eher mit seinen Argumenten scheitern.

Rede auf jeden Fall mit anderen über jedwede Angelegenheit. Kannst du keine weisen Männer um Rat fragen, wird deine eigene weise Lösung dir in den Sinn kommen, wenn du den Sachverhalt mit deiner Frau und deinen Kindern diskutierst. Das, sagt Mura Josui, kommt allein von der Weisheit des Alters.

Es ist ratsam, dem Gegner zuvorzukommen, indem man ausspricht, was man definitiv zu sagen hat. Wenn die Worte zu spät und zu einem weniger geeigneten Zeitpunkt ausgesprochen werden, klingen sie wie Entschuldigungen. Außerdem bestätigt man besser wichtige Punkte nach jedem Abschnitt eines Gesprächs. Wenn man dem Gegner einen warmherzigen Rat geben kann, nachdem man ihn argumentativ in die Enge getrieben hat, erringt man einen wirklich rühmlichen Sieg; so sollte vernünftiges Überzeugen vonstatten gehen.

Studiere keine akademische Taktik oder Strategie

Nabeshima Aki-no-kami wurde so vernommen: "In der Schlacht kann man sich nicht der Vernunft entziehen, was einen davon abhält, geradewegs mit gewagten Bewegungen in den Feind zu stürmen. Im Rachen des Todes sollte man besser alles über 'reifes Beurteilen' vergessen. Selbst ein bißchen akademische Taktik und Strategie, die jemand gelernt hat, machen ihn wankelmütig und schwankend zwischen Wahlmöglichkeiten und dem kritischen Augenblick. Meine Nachkommen sollen nie Taktik und Strategie studieren."

Beförderung zum Wohle des Fürsten

Die große Loyaliät des Gefolgsmannes liegt im Berichtigen der geistigen Einstellung des Fürsten gegenüber der Verwaltung des Lehens und der damit verbundenen Festigung des Clans. Der erste Mann zu sein, der seinen Fuß auf den Grund der feindlichen Burg setzt, oder etwas zu fordern, ist nicht schwer: Man muß bei solchen Gelegenheiten nur unter Einsatz seines Lebens kämpfen. Das Denken des Fürsten zu korrigieren dagegen fordert einem den ganzen lebenslangen Dienst über Mühen und Qualen ab – nicht in Form von momentanem Risiko oder unter Einsatz des Lebens.

Man kann den Fürsten nicht angemessen beraten, wenn man nicht endlich den Posten eines älteren Ratgebers oder Ministers erlangt hat, der jahrelangem Dienst in der Nähe des Fürsten unter seiner persönlichen Zuneigung folgt und auf der Stärke des eigenen wahren Wertes beruht, welcher sowohl von anderen Gefolgsleuten als auch vom Fürsten anerkannt wird. Es erfordert unermeßliche Arbeit, bis jemand die Leiter der Beförderung hinaufgeklettert ist.

Selbst Verbesserung aufgrund selbstsüchtigen Interesses erfordert viel Mühe; die Beförderung, die einzig zum Wohle des Fürsten geschieht, verlangt eine weit größere Anstrengung, die viele nicht lange durchhalten. Wer seine Augen nicht dieser höchsten Aufgabe eines Gefolgsmannes öffnen kann, darf nicht wahrer Gefolgsmann heißen.

Die Frau eines tapferen Kriegers

... Eines Morgens machte die Frau den Mitgliedern des Haushaltes kein Essen, weil sie einen Liebesstreit mit ihrem Ehemann hatte. Als plötzlich der Ruf zu einer Schlacht erging, machten sich der Gatte und seine Männer sofort mit ihren hungrigen Mägen auf den Weg. Die reuige Ehefrau kochte etwas zu essen und eilte, im Aufzug eines Mannes und mit ihren Dienerinnen im Schlepptau, zum Lager. Sie trugen alle Wasserfässer voller Essen auf ihren Schultern ...

Achte auf den Helm

Ein General stellte einmal fest: "Samurai müssen lediglich testen, ob der Vorderteil ihrer Kriegsrüstung Kugeln aushält.

Während die Kriegsrüstung keinen Platz für Zierrat hat, sollte der Helm von höchster Qualität sein: Er muß mit dem Kopf des Kriegers an den Feind übergehen."

Der Beweis durch Augenschein

Eines Tages kam ein Samurai durch Yae-juku in Saga, als ihn plötzliche Magenschmerzen quälten und zwangen, ein Wohnhaus in einer Seitenstraße aufzusuchen. Eine junge Frau, die allein im Haus war, zeigte ihm den Waschraum im hinteren Teil, wo sich der Samurai sogleich erleichtern wollte. Noch im Vorraum riß er seinen *Hakama*, die formelle Kleidung des Mannes, herunter. Da kam der Ehemann des Hauses zurück und beschuldigte seine Frau des Ehebruchs.

Dieser Fall wurde vor Gericht gebracht, und Fürst Naoshige sprach: "Selbst wenn sie unschuldig waren - der Mann, der ohne Rücksicht auf die Frau seinen *Hakama* auszieht, und auch die Frau, die einem Fremden erlaubt, den *Hakama* abzustreifen, während ihr Mann weg ist, sind so zu beurteilen, als hätten sie tatsächlich Ehebruch begangen." Folglich wurden die beiden zum Tode verurteilt.

Ein gutaussehender Mann kann nichts gewinnen

Wenn ein gutaussehender Mann etwas Lobenswertes tut, erscheint es den anderen nur natürlich und unauffällig. Wenn er Dinge so wie die anderen macht, sind sie dagegen nicht zufrieden. Ein milde-freundlich aussehender Mann dagegen wird sofort gepriesen, wenn er etwas Bemerkenswertes tut.

STIRB JEDEN MORGEN

Stell dir jeden Morgen aufs neue vor, dass du bereits tot bist. Halte dich jeden Morgen, wenn dein Geist friedvoll ist, ohne Unterlaß für tot, denke über verschiedene Arten des Todes nach, stelle dir deine letzten Augenblicke vor, wie von Pfeilen, Kugeln und Schwertern in Einzelteile zerfetzt zu werden, von einer Woge weggespült, in ein rasendes Feuer springend, von einem Blitz erschlagen, in einem großen Erdbeben untergehend, von einer schwindelerregenden Klippe stürzend, an einer tödlichen Krankheit leidend oder plötzlich tot umfallend.

Ich hörte einen Älteren sagen: "Nur einen Sprung vom Dachgesims des eigenen Hauses entfernt, findet man sich von toten Körpern umgeben; einen Schritt von der Haustür entfernt, trifft man auf Feinde." Das wird nicht aus Vorsicht gesagt. Es drängt uns vielmehr, eine geistige Einstellung zu formen, mit der man fähig wird, sich selbst für bereits tot zu halten.

DINGE JENSEITS UND INNERHALB DER EIGENEN MÖGLICHKEITEN

Es gibt Dinge außerhalb und innerhalb der eigenen Möglichkeiten. Einem Mann, dessen Gehalt kurz nach einer Erhöhung noch einmal vom Fürsten verdoppelt werden sollte, wurde von seinen Gefährten persönlich geraten, diesen Schritt respektvoll abzulehnen, weil er "zu gut, um wahr und harmlos zu sein" erschien.
"Dieser großzügige Gefallen ist mehr, als ich verdiene", antwortete der Mann. "Weil er mir nicht zusteht, werde ich wohl nicht in der Lage sein, meine erhöhte Verantwortung zu erfüllen. Andererseits mag es ja für einen älteren Gefolgsmann oder einen Mann auf wichtiger Position entschuldbar sein, die Belohnung des Fürsten abzulehnen; ich dagegen, ein Mann niederen Ranges, würde den Fürsten damit nur beleidigen. Weil ich

noch ein Neuling bin, sollte ich den Wünschen des Fürsten besser Folge leisten."

Ein anderer Mann, dessen Kollege wegen einer unbedachten Tat zu *heimon* (Hausarrest) verurteilt war, wurde trotz seiner Verwicklung in die Tat nicht bestraft. Daher gestand er seinen Vorgesetzten: "Ich war an dieser Tat meines Freundes beteiligt. Wenn ich nicht bestraft werde, wird man mir das als Bevorzugung auslegen. Ich möchte mich deshalb gern der *heimon*-Bestrafung unterziehen." Der Fürst erfüllte ihm den Wunsch, und der Mann schloß sich in seinem Haus gemäß der *heimon*-Art ein.

Einerseits war seine Tat angebracht, weil sonst andere von ihm gedacht hätten, dass er Strafe durch vorgetäuschte Unschuld zu vermeiden trachtete. Andererseits ging seine Tat für sein Alter und seinen Rang zu weit. Diese Fälle erfordern angestrengtes Nachdenken und die Beratung mit weisen Männern, ehe man seine Meinung präsentiert.

Schnelle Beförderungen und Lohnerhöhungen

Beförderungen und Gehaltserhöhungen bringen Menschen gegen den Betroffenen auf, wenn sie zu schnell erfolgen, während langsame Beförderungen sie zu seinen Verbündeten machen, was seine Zukunft vielversprechend werden läßt. Ob sie nun schnell oder langsam erfolgen, man muß sich nicht sorgen, solange sie anderen als vernünftig erscheinen. Eine günstige Zäsur, die so verschafft wird, als sei sie von denen um den Betroffenen herum erzwungen, weil sie alle ungeduldig auf sein verspätetes Glück warteten, wird lange nachwirken.

Tröste einen Trauernden

Chibu Inaba verstarb am frühen Morgen des 1. Januar. Sein Nachbar Nakano Jin'uemon hörte davon und befahl seinem Haushalt, das ganze Neujahrsgedeck den Hinterbliebenen zu bringen: "Das Haus nebenan wird mit einer Flut von Kondolenzbesuchern angefüllt sein und die Familie kaum ein Frühstück vorbereiten können."

Seine Männer jedoch verabscheuten die Idee ihres Herren und wandten ein, sie würde Pech bringen. Nakano Jin'uemon wies sie streng zurecht: "Ein Samurai ist dazu verpflichtet, einem anderen, der sich in Trauer befindet, zu helfen. Es schadet nicht, wenn wir unser festliches Neujahrsessen ein bißchen später einnehmen." Das ganze Essen wurde dann zu Chibu Inabas Familie hinübergetragen.

Kümmere dich nicht um Kleinigkeiten

Ein Sprichwort lautet: "Ein Mann großer Taten kümmert sich wenig um seine Fehler." Ein Gefolgsmann wird nicht unansehnlich, wenn er den Dingen gegenüber liberal eingestellt ist, hin und wieder seinen eigenen Weg geht und dabei ein wenig Ärger erzeugt, solange er danach trachtet, dem Fürsten mit unbeugsamer Loyalität zu dienen, die ich im Detail im *Gukenshu* erläuterte.

Ein in allem untadeliger Mann allerdings hat etwas Häßliches an sich. Er wird sich wahrscheinlich einer Angelegenheit höchster Wichtigkeit nicht mit größter Inbrunst widmen. Ohne Fehler, so heißt es, kann ein Mann nichts Großes vollbringen. Wer ein erhabenes Ziel hat, so heißt es weiter, fühlt sich bei seinen kleinen Vergehen nicht unglücklich.

Die Grundlagen der Staatsverwaltung

Das gesamte Land und die ganze Nation zu regieren klingt nach einer immensen Aufgabe jenseits aller Fähigkeiten, doch die älteren Ratsmitglieder des Shoguns, die Clan-Minister und anderen Ratgeber sollten ihren Pflichten genau so nachkommen, wie ich es bis jetzt in dieser Klause hier aufgezeigt habe. Wenn ein Mann meinen Vorschlägen folgt, kann er seine Pflicht auf jeder Position erfüllen.

Manche Menschen auf Schlüsselpositionen beunruhigen mich. Sie verrichten ihre Arbeit und werden dabei nur von ihrem inneren Talent getragen, ohne Wissen um die Tradition des Clans, und ohne richtig und falsch klar unterscheiden zu können. Die Menschen fürchten diese machtvollen Herrscher und erklären sich ohne ein einziges Wort des Widerspruchs mit allem einverstanden, wodurch sie jene noch arroganter und habgieriger machen.

10. März im ersten Jahr von Kyoho (1716).

(Aus einem besinnlichen Nachtgespräch)

Ein Gefolgsmann des Nabeshima-Clans benötigt weder übertriebene Lebenskraft noch besonderes Talent. Er muß nur bereit sein, den ganzen Clan auf seinen Schultern zu tragen. Kein Mann ist einem anderen von Geburt an unterlegen. Keine Übung kann Früchte tragen, bevor ein Mann nicht bereit ist, sich als einzigen im Clan zu sehen, der den Frieden in der Provinz des Fürsten bewahren kann. Solch ein Entschluß wird, gleich einem Wasserkessel, mal heiß und mal kalt. Darum habe ich hier vier Ratschläge, die den Entschluß stets am Kochen halten.

Die vier Ratschläge:

1. Bleib nie hinter den anderen auf dem Weg des Bushido zurück.
2. Mach dich deinem Fürsten nützlich.
3. Erfülle deine Sohnespflichten.
4. Arbeite zum Wohle der anderen, mit einer zutiefst gütigen Seele.

Sprich jeden Morgen dein Gelöbnis für Buddha und die Götter, dann können dich diese vier Gebote zweimal so mächtig machen wie du jetzt bist, und davor bewahren, von deinem Entschluß abzurücken. Wie eine Raupe kannst du dich so Stück für Stück vorwärtsbewegen. Selbst Buddha und die Götter haben ihre Gelübde abgelegt, als sie sich ihre Ziele setzten.

Über den Autor und seine Zeit

Yamamoto Tsunetomo (T.) wurde 1659 als sechstes Kind von Yamamoto Jin'uemon Shigezumi in der Provinz Saga geboren, einige Jahrzehnte nachdem Tokugawa Ieyasu die Kontrolle über ganz Japan gewonnen hatte, das zuvor einem langem Bürgerkrieg ausgesetzt gewesen war. Tsunetomos Vater, der im Jahre 1638 gegen die revoltierende Christen-Miliz gekämpft hatte, ermutigte seinen Sohn immer wieder, ein Samurai zu werden. Im Alter von neun Jahren wurde T. als Junior-Knappe in den Dienst von Nabeshima Mitsushige berufen, dem zweiten Fürsten des Nabeshima-Clans. Aufgrund seines literarischen Talentes stieg er mit 19 zum Assistenz-Schreiber Mitsushiges auf. Kurz danach wurde er aber entlassen und kehrte erst mit 28 Jahren auf den Posten eines Schreibers auf dem Clans-Grund bei Edo (Tokyo) zurück. Verunsichert suchte er den Rat des bekannten Zen-Meisters Tannen, dessen Sicht sich in Tsunetomos Auffassung der degenerierenden Gesellschaft und Leerheit der Welt wiederfindet. Einen weiteren wichtigen Einfluß übte der herausragende Konfuzianer Ishida Ittei aus (beide Namen findet man im *Hagakure* wieder), der T. die Idee eingab, selbst als Einzelkämpfer den ganzen Clan retten zu können.

Fürst Mitsushige starb im Jahre 1700. T.s Status war der eines Vasallen der mittleren Schicht. Erst in seinen 50ern hätte T. in den Ältestenrat berufen werden können, wie es sein Wunsch war. Weil er jedoch beim Tod seines Fürsten erst 42 Jahre alt war, wäre er diesem normalerweise durch *seppuku* in den Tod gefolgt, denn T. fühlte sich dem Fürsten emotional stark verbunden. Doch ein Dekret aus dem Jahr 1661, von eben diesem Fürsten erlassen, verbot dies. T. mußte sich entscheiden, dem Sohn des Fürsten zu dienen oder Mönch zu werden, und tat letzteres. Er zog sich in eine Klause bei Kurotsuchibara zurück, einige Kilometer vom Clans-Grund in Saga entfernt.

Zehn Jahre später wurde diese Klause vom 38jährigen Tashiro Tsuramoto betreten, dessen verzweifelte Suche nach Wahrheit fehlgeschlagen war. Auch er war einst Schreiber und aus ihm unbekannten Gründen entlassen worden. Beeindruckt von T.s Anekdoten und Lehren, blieb er ihm (wahrscheinlich) 7 Jahre lang verbunden (1710 - 1716) und verfaßte ein elfbändiges Werk mit Tsunetomos Vermächtnis und (wohl auch) seinen eigenen Ergänzungen. Yamamoto Tsunetomo wies Tashiro an, die Originalbände zu verbrennen, weshalb wohl keine mehr existieren, das *Hagakure* aber handkopiert unter der Jugend des Saga-Clans kursierte. Yamamoto Tsunetomo starb 1719.

Zum historischen Hintergrund: Die *Genroku*-Ära (1688-1711) gilt als dekadent. Das Shogunat Tokugawa hatte durch geschickte Verwaltung das Land befriedet und Aufstände von Feudalfürsten unterbunden. Tsunetomos *Hagakure*-Philosophie ist auch ein Gegenentwurf des starken Kriegers zu der konfuzianistisch-akademischen Rhetorik des Shogunats. Wenn man so will, traute T. diesem Zauber nicht. Krieger alten Schlages, vom Gnadenbrot neuer Fürstengenerationen lebend, standen einer neuen Art von Gefolgsleuten entgegen, die sich in den Künsten, der Rhetorik und der Verwaltung auskannte.

Nachwort des Übersetzers ins Deutsche

Professor Takao Mukoh, dessen englische Übersetzung meiner zugrundeliegt, beabsichtigte mit seinem Beitrag ein Requiem auf die japanischen Kamikazeflieger und ihre Todesverachtung. Jim Jarmusch, der Filmemacher, hat in GHOST DOG seinen Protagonisten zu einem Samurai gemacht, der einem Manne dient, dem er sein Leben verdankt. Ich selbst stehe seit Anfang 1999 in der Schuld dreier Kambodschaner, die mich nach einem Gift-Attentat in ein Krankenhaus brachten und bewachten: Eau Dararat, Sarin Eng und Veasna. Die Begegnung mit ihnen wurde zum *lucky strike*, zu einem Glückstreffer in meinem Leben.

Die vorliegende Ausgabe enthält ca. 150 Abschnitte aus dem HAGAKURE. Die Unterteilung in 11 Bücher, wie im japanischen Original, oder in nummerierte Kapitel, wie in Takao Mukohs englischer Übersetzung, wurde hier weggelassen.

Das HAGAKURE ("hinter den Blättern") wurde etwa zwischen 1710 und 1716 von Tashiro Tsuramoto aufgezeichnet, im wesentlichen nach den Aussagen Yamamoto Tsunetomos, eines ehemaligen Samurai. Er wurde zum Zen-Mönch, weil ihm nach dem Ableben seines Fürsten der eigene Tod mittels *seppuku* durch einen Erlaß seines Herren verboten war. Das HAGAKURE enthält ursprünglich ca. 1300 kurze Lektionen, die in weniger als drei Dutzend unterschiedlichen Kopien erhalten sind. Diesem Band liegt die "Yamamoto-Kopie" zugrunde, die als eine der verläßlichsten in der Bücherei der Präfektur Saga aufbewahrt wird. Unterstützend wurde von Takao Mukoh das Werk *Mikawa Monogatari; Hagakure* von Sagara Wataru herangezogen, um den ursprünglichen Geist des HAGAKURE wiederzubeleben. Ich selbst empfehle zum tieferen Verständnis ferner Yukio Mishimas geistreiche Erläuterungen ON HAGAKURE.

Das Programm des ANGKOR VERLAGES

Chou Ta-Kuan: *Sitten in Kambodscha. Über das Leben in Angkor im 13. Jahrhundert.* ISBN 3-89811-183-0. DM 12,-

Wie haben die Khmer im sagenhaften Königreich von Angkor und in seinen überragenden Tempeln gelebt? Es gibt nur ein Zeugnis eines chinesischen Gesandten aus dieser Zeit, nun ist es vollständig ins Deutsche übersetzt.

Kosho Uchiyama: *Die Zen-Lehre des heimatlosen Kodo.* ISBN 3-89811-201-2. 132 Seiten. DM 15,-

Kosho Uchiyama hat als Schüler und Dharma-Nachfolger von Kodo Sawaki Roshi Aussprüche seines Meisters gesammelt und kommentiert. Tiefe, kernige und zeitlose Weisheit kennzeichnet das Leben Kodos, dessen Schüler Taisen Deshimaru Roshi der wohl bekannteste und wichtigste Zen-Lehrer in Europa wurde. Hier finden wir eine der stärksten lebendigen Zen-Traditionen dieser Welt.

Kosho Uchiyama: *The Zen Teaching of Homeless Kodo.* ISBN 3-89811-271-3. 125 Seiten. DM 15,-. Mit Abb.

Das englische Original zu obiger Übersetzung aus dem ehemaligen Kyoto-Zencenter, zum erstenmal mit ISBN versehen und damit weltweit bestellbar.

Dogen Zenji: *SHOBOGENZO. Teil 3.* (ab Juni 2000)

Der Klassiker der Zen-Literatur aus dem 13. Jahrhundert. Die beiden ersten Bände erschienen im *Theseus-Verlag.*

Alle Bücher sind "books on demand" und im Buchhandel oder online erhältlich. Infos und Links auf: www.angkor.de